JN414605

미술품의 거래법과 세금

미술품의 거래법과 세금

명순구·김기영

KOREA
UNIVERSITY
PRESS
고려대학교
출판문화원

발간사

로두스(Rhodus)는 에게해 남동부에 위치한 그리스령에 속하는 큰 섬입니다. 로두스는 관광명소이기도 하지만 이 섬이 세인들에게 많이 알려진 것은 우선 이솝우화에 등장하는 섬이기 때문인 것 같습니다. 이솝우화 속에서 한 사람이 친구들에게 둘러싸여 허풍스럽게 말합니다. “나는 로두스 섬에서는 세상 그 누구보다도 높이 뛸 수 있다!” 가만히 듣고 있던 한 친구가 말합니다. “여기가 로두스다, 여기에서 뛰어 봐라!(Hic Rhodus, hic salta!)” 세상에서 가장 높이 뛸 수 있는 능력이 있다는 주장이 진실이라면 어디서든 할 수 있을 것입니다. 오히려 친구들 앞에서 자신의 능력을 보여 줌으로써 그들에게 희망과 용기를 주는 것이 좀더 값진 선택이었을 것입니다. 헤겔과 마르크스가 이 에피소드를 인용하면서 로두스는 다소 비장하고 엄숙한 의미를 담게 되었습니다.

현대 법학은 전문화의 경향이 뚜렷합니다. 전문화된 법학이 자기폐쇄 경향으로 이어져 다른 학문 분야와의 융합 기회를 소홀히 한다든가 일반인과 소통할 수 있는 가능성을 상실한다면 법학의 전문화는 그 의미를 잃거나 혹은 최소한 새로운 발전동력을 상실할 수

밖에 없습니다. 법학적 이슈가 법률가라는 전문가 집단 안에서 폐쇄적 담론으로 그치는 것을 두려워해야 할 이유가 여기 있습니다. 학제연구·통섭·융합의 학문 태도가 중시되는 이 시기에 법률가들도 이 경향에 좀더 적극적으로 부응할 필요가 있습니다. 로두스 시리즈 출간사업은 이러한 노력의 일환입니다.

로두스 시리즈는 사회적·실천적 의미를 가진 법적 이슈를 선정하여 시각은 전문가 수준을 유지하되 표현방식과 문체는 매우 평이한 모습을 유지하고자 합니다. 로두스 제3권은 미술품의 거래법과 세금 문제를 다루었습니다. 이 주제에 대하여 법학 외의 학문을 하는 분들, 더 나아가서는 일반인들과 소통하고자 합니다.

끝으로 로두스 시리즈를 위하여 재정 지원을 해 주신 법무법인 '율촌'에 깊은 감사를 드립니다.

2012년 5월

고려대학교 법학연구원 비교법연구센터 소장

명순구

머리말

로두스 제3권은 미술품의 거래법과 세금을 다루고자 합니다. 법률가에게 미술품은 참 애매한 존재입니다. 예술적 창작의 결과라는 점에서 보면 일반적인 물건으로 볼 수 없을 것 같고, 거래의 대상이 된다는 점에서 보면 일반적인 물건과 다를 것이 없고……. 법률가에게 이런 종류의 고민이 어찌 미술품에 한정되겠습니까? 세상의 모든 존재에 대해서 각각 그 특징을 하나도 빠짐없이 인정해 준다면 그것은 최선일 것입니다. 그런데 실제는 그렇지 않은 것이 보통이지요. 복수의 존재가 서로 너무 다르지 않다면 법은 대체로 이들을 같은 것으로 다루게 됩니다. 그런데 아무리 생각해도 미술품은 일반적인 물건과 비교해 볼 때 다른 점이 너무 많은 것 같습니다. 그렇다면 미술품은 법률가의 연구 대상에서 제외해야 할까요? 그건 아닙니다. 미술품을 둘러싸고 매우 다양한 모습으로 또한 빈번하게 법률 분쟁이 발생하고 있습니다. 법률 분쟁이 발생하고 있다면 법률가는 마땅히 그 해결책을 고민해야 합니다.

아직까지 우리나라에는 미술품을 법적 관점에서 바라보는 연구물이 많지 않습니다. 법률가와 미술가 모두 전통적으로 자신의 일이라고 생각하는 주제에만 집중한 탓일까요? 어쨌든 이제는 법적 시각에서 미술품을 바라보아야 할 필요성이 크게 높아졌습니다. 이 책은 미술품에 관한 거래 유형과 조세 제도를 중심으로 문제점과 해결책을 생각해 보았습니다.

제1장에서는 미술품의 거래법과 법률 관계를 다루게 됩니다. 거래 유형은 미술품을 구입하고자 하는 사람이 현존하는 미술가로부터 직접 구입하는 경우와 화랑에서 구입하는 경우, 그리고 경매회사를 통해 구입하는 경우로 나누어지는데 각 유형별로 법률 관계가 다르다는 것을 알게 될 것입니다. 제2장에서는 미술품에 대한 조세 제도를 다루게 됩니다. 미술품에 대한 우리나라의 현행 세법이 어떠한지, 외국의 입법례는 어떠한지를 차례로 살펴보고 앞으로 우리나라 조세 제도의 개선 방안을 제시할 것입니다.

미술품이 비자금 조성 수단으로 이용된다든가, 미술품 거래가 과세 피난처로 둔갑한다든가, 혹은 갤러리가 비자금을 세탁하는 수단으로 이용된다든가 하는 문제가 심심치 않게 언론에 등장합니다. 미술품의 거래에 관한 법과 조세는 앞으로 면밀한 연구가 진행될 필요가 있습니다. 그래야만 미술이 예술 그 본래의 모습을 잃지 않을 것입니다. 미술이 예전에는 법이 개입되지 못할 정도로 우아한 분야였을지 모르나 이제는 법이 미술의 우아함을 지켜 주어야 할 때인 것 같습니다.

2012년 5월
저자를 대표하여
명순구

차례

제3절 외국의 미술품 관련 세제 · 117

제4절 미술품 관련 세제의 개선 방안 · 133

담론을 열며

I. 미술의 특징

다른 사람들과 공유할 수 있는 심미적 대상, 환경, 경험을 창조하는 과정에서 기술과 상상력을 동원·발휘하는 인간의 활동과 그 성과를 예술이라고 한다.[1] 예술이 포섭하는 범위는 무척 넓지만 초등학교·중학교·고등학교의 교과 과정에서 알 수 있듯이 그 대표적인 것으로는 우선 음악과 미술을 들 수 있다.

그런데 음악과 미술은 예술이라는 점에서는 공통되지만, 서로 다른 점이 무척 많다. 예를 들어 음악은 작곡가의 창작 과정을 거쳐서 만들어진 작품이 연주가나 가수 등 일정한 행위자의 표현을 통해 비로소 음악을 즐기려는 사람들에게 드러나게 된다. 즉 작품을 창조하는 사람과 이를 표현하는 사람의 구분이 있게 된다. 물론 작곡

1) 온라인 브리태니커 백과사전(http://preview.britannica.co.kr/bol/topic.asp?article_id=b16a0179a) 참고.

가가 직접 연주하거나 노래할 수도 있고, 그를 통해 작품을 만든 사람의 본래의 의도가 더 잘 표현되는 경우도 많지만, 연주가나 가수 등 표현하는 사람의 개별적인 능력이 작품의 전달에 미치는 영향이 크기 때문에 음악에서는 작품을 창작하는 사람과 작품을 표현하는 사람의 구분이 있다고 할 수 있다. 또 콘서트 등의 방식을 통해 작품을 표현하는 사람의 연주나 노래가 이를 즐기려는 사람들에게 직접 전달되는 경우도 있지만, mp3파일이나 CD, 카세트테이프 등 별도의 녹음된 매체나 TV 등 녹화된 방송을 통하여 음악을 즐기는 사람들이 많다. 이에 따라 작품을 창조하는 사람 외에 작품을 녹음 매체 또는 방송 매체로 제작하는 사람들 또한 필요하게 된다. 엄밀하게 말하면 작곡가나 작사가 등 음악작품을 창조하는 사람들의 권리를 좁은 의미의 저작권이라고 하고, 연주가나 가수같이 작품을 표현하는 사람들이나 이를 녹음하여 음반 등의 매체로 만들어 내는 사람들 및 이를 방송으로 중계하는 사람들의 권리를 저작인접권이라고 하여 구분할 수 있지만, 이러한 권리는 모두 넓은 의미의 음악 저작권에 속한다고 할 수 있다. 이러한 음악 저작권이 위와 같은 다양한 사람들에게 인정되는 것은, 음악이라는 예술 활동을 즐기기 위해서 작품의 창조 외의 활동들이 반드시 필요하고, 따라서 그러한 활동들도 법적으로 보호하기 위한 것이라고 할 수 있다.

이와 달리 미술은 작품을 창조하는 사람과 이를 표현하는 사람의 구분이 없다고 할 수 있다. 물론 경우에 따라 어떠한 작품을 기획하는 사람이나 작품에 아이디어를 제공하는 사람이 따로 존재할 수는 있겠지만, 미술에 있어서는 작품을 창조하는 사람이 곧 그 작품을 표현하게 된다. 또 미술품을 판매하는 사람들이나 미술품을 감상하는 데에 도움을 주기 위하여 미술품의 가치를 감정하고 이를

밀레, 〈이삭 줍는 사람들〉, 오르세 미술관 소장.

소개하는 사람들이 존재할 수는 있지만, 기본적으로 미술이라는 예술 활동을 즐길 때에는 미술가의 창조 활동을 통해 미술품을 만들어 내는 행위와 이를 즐기는 사람들의 감상이 있을 뿐이다. 즉 음악에서는 예를 들어 모차르트의 작품에 대해서는 이미 저작재산권[2]이 소멸되어[3] 누구나 이를 공연할 수 있지만, 연주가의 권리가 인접 저작권으로서 보호되기 때문에 그 연주를 마음대로 녹음하거나 활용할 수는 없다. 그러나 미술에서는 예를 들어 롯데제과의 '하비스트'라는 과자 포장에 밀레의 〈이삭 줍는 사람들〉과 같은 작품을

2) 저작권에는 저작재산권 외에 저작인격권도 존재한다. 이는 저작자의 이름을 표시하고 그 동일성을 유지해야 하는 권리인데, 저작재산권과 달리 저작인격권에 대해서는 존속 기간이 정해져 있지 않다.

3) 저작권법에서는 저작재산권의 보호 기간에 대해 저작권자의 사망 후 50년간 존속하는 것으로 하고 있다(저작권법 제39조). 다만 이 규정은 미국이나 EU 등 외국의 입법례들에 따라 2013년 7월 1일부터는 70년간 존속하는 것으로 개정되었다.

사용하는 것처럼 이미 저작재산권이 소멸된 작품은 자유롭게 사용할 수 있을 뿐만 아니라, 이러한 작품을 사진으로 찍고 인쇄하여 동일하게 만들어 냈다고 했을 때 그 인쇄물에 대해 별도의 보호를 하지도 않는다.[4] 따라서 미술에서는 다른 예술 영역에 비하여 이른바 '원본'의 가치가 클 수밖에 없다.[5] 그리고 그 원본의 희귀성으로 인해 이를 감상하는 데에 그치지 않고 투자 등의 수단으로서 이를 소유하려 하는 사람들도 많을 수밖에 없다.

II. 미술과 미술품

미술이라는 예술 활동을 통하여 창조된 작품을 미술품이라고 할 수 있다. 미술에서는 다른 예술 영역과 달리 일반적으로 일품제작(一品製作)의 방식을 통하여 미술가의 미적 의도를 그 스스로 표현한 작품인 미술품에 보호가치가 집중되기 때문에, 미술품의 의미를 명

---

4) 물론 사진작가가 피사체를 충실히 복제하여 그 동일성을 유지한 것이 아니라, 어떠한 개성 또는 창조성을 부여하였다면 그 사진이 별도의 저작물로서 보호받을 가능성은 있다.

5) 다만 이러한 특징은 현대미술의 일종인 개념미술의 영역과는 맞지 않는 부분이 있다. 개념미술은 그리거나 조각 등을 통한 완성된 작품 자체보다 아이디어나 과정을 예술이라고 생각하는 새로운 미술적 제작 태도를 가리키는데, 예를 들어 최근에 서울 선재아트센터에서 있었던 마틴 크리드전에서 그의 "Work No. 768"는 A4용지 24장에 24색 마커펜으로 죽죽 줄을 그어 채운 작품인데 이 작품의 전시를 위해 국내에서는 선재아트센터의 갤러리스트들이 그었다고 한다(마틴 크리드전 관람 후기 〈http://blog.naver.com/dkdud1012?Redirect=Log&logNo=150080427821〉 참고). 그러나 이 작품에 대해 줄을 그은 선재아트센터의 갤러리스트들이 어떠한 법적 권리를 갖는다고 보기는 힘들므로 미술에 있어서 원본의 중요성 내지 일품 제작이라는 특징이 의미를 잃는다고 보기는 힘들다.

마틴 크리드, 〈작품 번호 88: 구겨서 공이 된 A4 종이 한 장〉, 1995(http://www.martincreed.com/site/works/work-no-88).

확히 하는 것이 무엇보다 중요하다고 할 수 있다.

다만 미술품은 보는 관점에 따라 유동적인 개념이 되기 때문에 이를 일의적으로 정의하기는 곤란하다. 예를 들어 마틴 크리드[6]의 작품 중 〈작품 번호 88: 구겨서 공이 된 A4 종이 한 장〉(Work No. 88: A Sheet of A4 Paper Crumpled into a Ball)은 A4용지를 공처럼 구긴 것에 그친다. 이러한 것은 누구든지 만들 수 있는 것이어서 한편으로는 이런 것을 미술품이라고 할 수 있는가 하는 생각을 갖게 하기도 하지만, 다른 한편으로는 무언가 급변하고 자극적인 것을 찾는 현대인에게 가장 아름다운 예술은 우리의 일상일지 모른다고 말하려는 작가의 의도가 잘 드러나 있는 작품이기도 하다. 그러나 이처럼 미술품의 정의를 내리는 것이 쉽지 않다고 해도 미술품을 보호해야

6) 마틴 크리드(Martin Creed)는 2001년 영국의 터너상을 수상한 작가로서 영국의 현대미술계를 대표하는 작가 중 한 사람이다. 그가 터너상을 수상한 작품은 "Work No. 227: The lights going on and off"라는 작품으로 방 안에서 불이 꺼졌다 켜졌다 하는 작품인데, 이 작품이 터너상을 받자 영국의 시민들 중에는 방이나 차 안에서 실내등을 껐다 켰다 하면서 "나도 예술한다"라고 하기도 했다고 한다.

할 가치와 필요가 존재하는 이상 미술품이라는 개념이 어떤 범위까지 포섭한다고 할 수 있는지에 대해서는 파악할 필요가 있다.

우선 미술품의 (법적) 보호가치라는 점을 고려해서 법적으로는 어떠한 관점에서 미술품에 대해 정의하고 있는지 살펴보도록 하겠다. 저작권법 제4조 제4호는 '회화·서예·조각·판화·공예·응용미술저작물 그 밖의 미술저작물'을 저작물의 예시로 들고 있고, 이 중 특히 '응용미술저작물'에 대해서는 같은 법 제2조 제15호에서 "'응용미술저작물'은 물품에 동일한 형상으로 복제될 수 있는 미술저작물로서 그 이용된 물품과 구분되어 독자성을 인정할 수 있는 것을 말하며, 디자인 등을 포함한다"라고 하고 있다. 다만 여기서는 저작물로 인정되는 미술품의 범위에 어떠한 것들이 포함된다는 예시를 들고 있을 뿐 적극적인 정의를 내리지는 않고 있다. 이러한 표현은 다른 법에도 마찬가지인데, 예를 들어 박물관 및 미술관 진흥법 제2조 제2호는 "'미술관'이란 문화·예술의 발전과 일반 공중의 문화향유 증진에 이바지하기 위하여 박물관 중에서 특히 서화·조각·공예·건축·사진 등 미술에 관한 자료를 수집·관리·보존·조사·연구·전시·교육하는 시설을 말한다"라고 하여 '서화·조각·공예·건축·사진 등'이 미술에 속하는 것으로 밝히고 있을 뿐이다.

미국에서는 주로 미술품이 비관세 대상이라는 점을 둘러싸고 면세 대상으로서의 미술품의 의미에 대해 논의가 이루어져 왔는데, 이에 따르면 일반적으로 다음과 같은 요건을 갖추어야 한다.[7] ① 작품이 기능공(artisan)이 아니라 예술가(artist)에 의해 만들어져야 한

7) DuBoff, Leonard D./Christy O. King, *Art Law in a Nutshell*(4th Ed.), THOMSON-WEST, 2006, pp3-6.

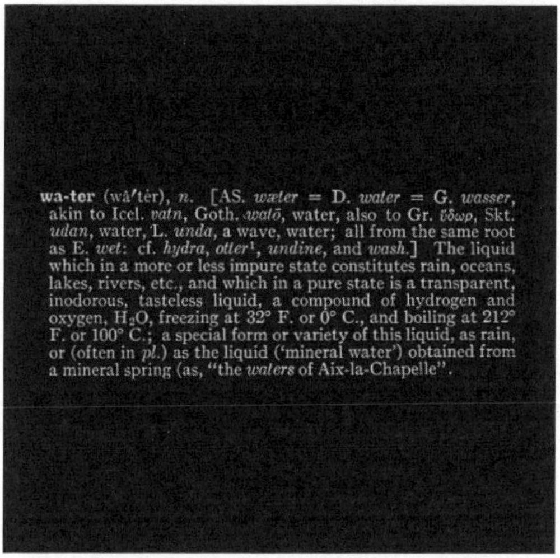

조지프 코수스, 〈아이디어로서의 아이디어로서의 미술〔물〕〉, 1966, 구겐하임 미술관 소장(http://emuseum2.guggenheim.org/media/full/73.2066_ph_web.jpg).

다, ② 미술품은 손으로 만들어진 것이어야 하며, 기계적으로 만들어진 것이어서는 안 된다, ③ 실용품은 미술품이라고 할 수 없다, ④ 상업적 용도로 만들어진 것은 미술품이라고 할 수 없다.

그러나 반드시 이러한 요건을 갖추어야 미술품이라고 하는 것은 특히 작가의 아이디어를 강조하는 개념미술과 같은 현대미술에는 맞지 않는 부분이 있다. 앞서 본 마틴 크리드의 작품들도 그러하고, 예를 들어 미국의 유명한 개념미술가 조지프 코수스(Joseph Kosuth)의 1966년 작 〈아이디어로서의 아이디어로서의 미술〔물〕〉(Art as Idea as Idea〔Water〕)과 같은 작품 시리즈는 단순히 어떤 단어의 사전적 정의를 벽에 붙여 놓고 이를 미술이라고 하기도 한다. 또 저작권법이나 문화예술진흥법은 응용미술이 미술의 범위에 포함되는 것으로 하고 있는데, 상업적 광고도 응용미술의 한 영역에 포함되기도 하는 점에 비추어 볼 때에도 위와 같은 요건을 갖추어야 미술품이 된다고 보기는 어렵다.

결국 미술품이 무엇인가에 대해서는 미술의 본래적인 의미로 돌아와서, 미학적인 요소를 갖추고 미술가에 의해 창조된 작품을 미술품이라고 한다는 것으로 필요충분하다고 할 것이다.

III. 미술품의 유형

미술품에 해당하는 것들을 어떻게 유형화할 수 있는지에 대한 기준은 여러 가지가 있지만, 기본적으로 그 형식을 기초로 회화작품과 조각작품으로 나눌 수 있을 것이다. 그러나 회화는 다시 그 매체에 따라 유화, 수채화, 드로잉, 판화 등 다양한 유형으로 나눌 수 있으며, 조각 또한 환조(丸彫), 부조(浮彫), 모빌, 오브제 등 다양한 유형으로 나눌 수 있다. 뿐만 아니라 그 속에 담긴 내용이나 주제에 따라 종교화·풍속화·역사화·초상화·풍경화 등으로 나눌 수도 있으며, 소더비(Sotheby's)의 미술품 구분에서 볼 수 있듯이 그 작품이 만들어진 장소와 시기에 따라 구분할 수도 있다.[8)]

미술에 관해 규정하고 있는 법률의 내용을 분석해 보면, 그 포섭하는 예시들이 각 법률에서 서로 다르다는 것을 알 수 있다. 즉 박물관 및 미술관 진흥법 제2조 제2호는 '서화·조각·공예·건축·사진 등'이 미술에 속하는 것으로 보아 '건축'과 '사진'도 미술에 속하는 것으로 보고 있지만, 저작권법에서는 제4조 제5호와 제6호에서 각

8) 이에 대한 것은 김보름, 《뉴욕 미술 시장》, 미술문화, 2010, 28-33면 참조.

각 '건축저작물'과 '사진저작물'을 제4호의 '미술저작물'과 구분함으로써 '건축'과 '사진'은 '미술'에 포함되지 않는 것으로 보고 있다. 문화예술진흥법 제2조 또한 "'문화예술'이란 문학, 미술(응용미술을 포함한다), 음악, 무용, 연극, 영화, 연예, 국악, 사진, 건축, 어문 및 출판을 말한다"라고 하여 '사진'과 '건축'을 '미술'과 구분함으로써 저작권법과 같은 태도를 취하고 있다. 이러한 차이는 결국 미술이라는 개념이 사용되고 있는 법의 목적이나 상황이 다르기 때문이라고 할 수 있는데, 사진이나 건축은 엄밀히 보면 미술과 다르다고 하는 것이 타당하겠지만, 한편으로는 미술과 같이 수집·관리·보존·조사·연구·전시·교육할 필요성이 인정된다는 점에서 박물관 및 미술관 진흥법이 이를 미술에 속하는 것으로 보는 것은 이해할 수 있을 것이다.

이처럼 미술품의 유형을 분류하는 것도 어떤 명백한 하나의 기준을 찾는 것은 힘들다. 다만 저작권법 제4조 제4호가 예시하고 있는 것과 같이, 회화·서예·조각·판화·공예·응용미술품 등이 미술품에 해당한다고 할 수 있을 것이다.

IV. 미술품의 거래

우리가 아는 미술은 상대적으로 최근에 나타난 현상으로 미술관에 전시되고 박물관에 보존되며, 수집가들이 구매하고 대중매체 내에서 복제되는 그 무엇을 말한다. 미술가가 미술품을 창조한다 하더라도 그 자체로서는 아무런 소용이나 가치가 없다. 그러나 이 미술품들은 미술의 여러 제도들(화랑이나 미술사, 미술출판, 박물관 등)

내로 순환하면서 비로소 현대세계의 다른 어느 것보다도 상대적으로 깊은 의미와 중요성을 획득하고 그 가치가 증폭된다고 할 수 있다.[9] 이러한 점에서 미술품이 어떠한 방식으로 거래되는지에 대해 살펴볼 필요가 있다고 할 것이다.

한편 '미술품의 거래'라는 표현에 대해서는, 앞서 본 개념미술과 같이 완성된 작품으로서의 미술품보다 아이디어를 중요시하는 미술의 영역도 있을 뿐만 아니라, 미술품의 거래라고 하면 미술이라는 예술 활동을 도외시하는 듯한 어감이 있으므로, 차라리 '미술의 거래'라고 하는 것이 적절할지도 모른다. 그러나 이는 미술이 일반적으로 일품제작(一品製作)의 방식을 통하여 이루어진다는 점에서 비롯된 것이며, 미술이라는 예술 활동 자체를 거래의 대상으로 삼기에는 적절하지 않으므로, '미술품'의 거래로 표현하는 것이 타당할 것이다.

---

9) 스타니스제프스키(Staniszewski, Mary Anne) 저/ 박이소 번역, 《이것은 미술이 아니다》, 현실문화연구, 2006, 38면.

제1장
미술품 거래의 유형과 법

제1절 미술품 거래의 구분

미술품의 거래가 이루어지는 곳을 미술 시장이라고 한다. 이러한 미술 시장은 보통 1차 시장과 2차 시장으로 구분하는데, 이는 미술품에 대한 거래의 최초성 여부에 따른 분류이다. 즉 미술 시장에서 어떤 미술품의 거래가 처음으로 이루어지는 시장을 1차 시장 혹은 프라이머리 마켓(Primary Market)이라고 하며, 1차 시장에서 한 번 거래가 이루어졌던 작품에 대해 재판매가 이루어지는 시장을 2차 시장 혹은 세컨더리 마켓(Secondary Market)이라고 한다.[10)]

미국이나 유럽의 미술 시장에서는 대개 특정한 갤러리가 한 아티스트를 독점적으로 대표하기 때문에 보통 갤러리 또는 화랑을 1차 시장으로, 경매장을 2차 시장으로 구분하기도 한다. 그러나 때로는 미

10) 김보름, 앞의 책, 23면.

술가의 스튜디오가 1차 시장이 될 수도 있고, 아트페어가 1차 시장이 될 수도 있으며, 어딘가에서 잠자고 있던, 작고한 미술가의 미술품이 경매를 통해 처음으로 시장에 선보이게 되는 경우도 있는데 이러한 경우에는 경매장이 1차 시장이 되기도 하므로, 위와 같은 구분은 정확한 구분이라고 하기는 어렵다. 따라서 1차 시장과 2차 시장의 구분은 어떤 장소에서 거래가 이루어졌는지가 아니라 특정 작품에 대한 거래의 최초성을 기준으로 하여 개념적으로 이해해야 한다.[11)]

미술계에서는 이와 같은 1차 시장과 2차 시장의 구분을 주로 사용하는 것으로 보인다.[12)] 이는 미술품의 가격 결정과 큰 관련을 갖는다. 즉 1차 시장에서 소유권이 바뀐 미술품은 일정한 시간이 지나면 다시 2차 시장에 등장하기 마련인데, 2차 시장에서 거래되는 미술품은 1차 시장을 거치면서 이미 다른 누군가에 의해 한 차례 검증이 이루어졌다는 것을 의미하기 때문에 미술품의 가격 역시 어느 정도 예측 가능한 수준으로 형성되어 있을 가능성이 높고 그에 따라 미술품 구입의 위험부담이 좀 덜하고 안정적일 수 있는 것이다.[13)] 그러나 가격 결정 등의 경제적인 시각이 아닌, 법적인 시각에서 바라볼 때에는 위와 같은 1차 시장과 2차 시장의 구분은 큰 의미를 갖지 못한다. 오히려 법적인 측면에서 미술품의 거래에 대해 판단하기 위해서는 미술 시장에 참가하는 주체에 따라 구분하는 것이 타당할 것으로 생각한다.

미술가가 단순히 자족(自足)을 목적으로 하는 경우가 아니라면, 미술가가 미술품을 창작하기 시작한 순간부터 미술품의 거래는 시

11) 위의 책, 23-24면.
12) 최병식, 《미술 시장과 아트딜러》, 동문선, 2008, 22면 이하; 위의 책, 23-25면 등.
13) 김보름, 앞의 책, 25면.

작된다고 할 수 있다. 이러한 미술품의 거래는 법적으로는 주로 민법과 상법에 의해 규율될 수 있는데, 거래 유형을 살펴보면 미술품을 구입하고자 하는 사람[14]이 현존하는 미술가로부터 직접 미술품을 구입하는 경우와 화랑(畵廊)에서 구입하는 경우, 그리고 경매회사를 통해 구입하는 경우로 크게 나누어 볼 수 있다.

제2절 미술가와의 직접거래

미술가가 직접 미술소비자에게 미술품을 넘겨주는 경우로는 두 가지 유형이 있다. 하나는 예를 들어 초상화를 그려 달라고 하는 경우와 같이 미술소비자의 의사가 미술품을 완성하는 데에 개입하는 경우이고, 다른 하나는 미술가가 이미 만들어 놓은 미술품을 판매하는 경우와 같이 미술품의 제작에 미술소비자의 의사가 전혀 반영되지 않은 경우이다.

이처럼 미술가가 직접 미술소비자에게 미술품을 넘겨주는 경우 중에는 초상화가가 거리에서 직접 초상화를 그려 주는 경우나, 작은 열쇠고리 등의 액세서리류를 만들어 판매하는 경우와 같이 이른바 노점에서 미술품을 판매하는 경우도 있다. 이러한 경우에 미술가를 일반 노점상과 동일하게 취급해야 하는지 문제가 된다.

지난 1996년 미국 뉴욕시는 너무 많은 노점상들이 통행로를 차지

---

14) 앞으로 이를 일반적으로 '미술소비자'라고 표현하도록 하겠다. 다만 '미술소비자'는 경우에 따라 미술품을 구입하려고 하는 사람뿐만 아니라 미술품을 감상하고자 하는 사람이나 미술품을 대여하려고 하는 사람을 포함하는 의미이다.

하자 시 당국으로부터 허가를 받지 않으면 노점을 할 수 없도록 시의 조례를 개정했고, 이에 따라 거리에서 미술품을 팔던 거리의 미술가들도 노점 허가를 받지 않으면 보행로에서 작품을 팔 수 없게 되었다. 미술가들은 일반 상품의 판매에 대한 조례를 미술작품들에도 적용하는 것은 지나치다고 주장하며 소송을 제기하였고, 이에 대해 법원은 특정한 구역에서 영업을 금지하는 것은 몰라도 시 전체에서 영업을 금지하는 것은 헌법에 위반된다고 판결하였다.[15] 여기에는 값비싼 화랑을 빌릴 만한 형편이 되지 못하는 가난한 예술가들이 일반인들에게 작품을 판매할 수 있는 유일한 방법이 노점 영업이라는 점도 감안된 것으로 보이는데, 이 판결에 따라 노점상들이 길거리에서 미술작품을 판매할 때에는 다른 노점상들과 달리 뉴욕 시의 허가를 받지 않아도 되게 되었다.[16]

지난 몇 년간 인사동의 노점들을 철거하는 과정을 볼 때에 우리나라에서 위와 같은 미술가들에 대한 별도의 배려는 존재하지 않는 것으로 보이지만, 문화·예술의 기초가 되는 가난한 예술가들을 보호한다는 측면에서 위와 같은 배려는 꼭 필요할 것이라고 생각한다.

I. 미술품 제작에 미술소비자의 의사가 개입되지 않은 경우

미술품의 제작에 미술소비자의 의사가 전혀 반영되지 않은 경우에는 미술가와 미술소비자와의 계약에 있어서 특별히 문제될 일은 없다. 즉 미술가가 자신과 친한 친구에게 미술품을 선물하는 경우에

15) Bery v. City of New York, 97 F.3d 689.
16) 김형진, 《미술법》, 메이문화, 2011, 14-15면.

는 민법상 증여 계약에 관한 논의가 그대로 적용될 수 있고, 미술가가 자신의 미술품을 판매하는 경우에는 민법상 매매 계약에 관한 논의가 그대로 적용될 수 있다. 예를 들어, 어떤 미술가가 자신의 그림을 직접 미술소비자에게 판매하였을 경우 미술가는 소비자에게 그 그림을 인도해야 하며, 소비자는 그림에 대한 대금을 미술가에게 지급해야 한다(민법 제568조 제1항). 그리고 특별한 약정이나 관습이 없을 때에는 그림의 인도와 대금의 지급은 동시에 해야 한다(민법 제568조 제2항). 만약 그림에 대한 어떠한 하자가 있을 때에는 그에 대한 책임을 져야 하는 것도 일반적인 매매 계약에서와 같다(민법 제569조 이하 참조). 다만 그 작품의 가치판단에 대해 양 당사자 사이에 차이가 생긴 경우, 예를 들어 어떤 저명한 미술가 A가 자신의 아버지의 그림을 아버지에 대한 존경심을 담아 높은 가격으로 팔고자 했을 때에 그 그림이 A가 그린 것으로 착각해서 이를 구매한 미술소비자 B가 나중에 이 사실을 알게 된 경우에는, 민법 제109조의 착오에 관한 요건(법률행위의 내용의 중요 부분에 착오가 있어야 하며, 그 착오는 표의자의 중대한 과실로 인한 것이 아니어야 한다)을 갖출 때에만 위 매매 계약을 취소할 수 있게 된다.

미술가가 직접 미술품을 판매한 경우는 아니지만, 지난 1995년 위와 비슷한 사안이 실제로 있었다. 이 사안은 가짜 고려청자를 진품으로 알고 산 사람이 그 매매 계약을 취소할 수 있는가에 대한 것이었는데, 사건의 내용은 다음과 같다.[17] C라는 사람은 문제의 도자기를 고려청자로 알고 4,300만 원에 이를 샀는데 나중에 이를 확인해 보니 고려청자가 아니었다. 그런데 이 매매 계약에서 문제의

17) 김민호, 《별난 법학자의 그림 이야기》, 도서출판 예경, 2004, 153-157면 참고.

도자기를 소유하고 있던 D는 위 도자기가 고려청자라고 밝힌 적이 없고 다만 약 20년 전에 행상으로부터 구입한 것으로만 밝혔는데, 이에 대해 위 C가 전문적인 감정인이 아님에도 불구하고 이를 고려청자로 오신해서 자신이 사겠다고 나서서 자신이 제시한 금액으로 위 도자기를 산 것이었다. 이에 대해 고등법원에서는 위 C가 "이 사건 도자기를 매수함에 있어서는 그 소장자나 출처 등을 확인하고 감정인으로 하여금 감정을 하게 하거나 그렇지 아니하면 고려청자가 아님이 밝혀진 경우 매매 계약을 해제한다는 등의 조건을 붙여 위 도자기가 고려청자가 아닐 경우를 대비하여야 할 것임에도, 그 필요한 조치를 취하지 아니한 채 이 사건 도자기를 희소하고 거래가 드문 고려청자로 쉽게 믿은 것은 골동품 도자기의 매수 시 보통 요구되는 주의를 현저히 결여한 중대한 과실로 인한 것이라고 할 것이므로"[18) '착오는 표의자의 중대한 과실로 인한 것이 아니어야 한다'는 요건을 갖추지 못하여 위 매매 계약을 취소할 수 없다고 하였다.

그러나 대법원에서는 "이 사건 매매 계약을 체결하면서 자신의 식별 능력과 매매를 소개한 원고를 과신한 나머지 이 사건 도자기가 고려청자 진품이라고 믿고 소장자를 만나 그 출처를 물어보지 아니하고 전문적 감정인의 감정을 거치지 아니한 채 이 사건 도자기를 고가로 매수하고 이 사건 도자기가 고려청자가 아닐 경우를 대비하여 필요한 조치를 강구하지 아니한 잘못이 있다고 하더라도 그와 같은 사정만으로는 위 C가 이 사건 매매 계약 체결 시 요구되는 통상의 주의의무를 현저하게 결여하였다고 보기는 어렵다"[19)]고 하여 위 고

18) 광주고등법원 1996. 5. 16. 선고 96나8135 판결.
19) 대법원 1997. 8. 22. 선고 96다26657 판결.

등법원의 판결을 파기하고, 다른 요건을 갖추었다면 위 매매 계약을 취소할 수 있다고 하였다.

이처럼 진품이 아닌 미술품을 진품으로 잘못 알고 산 경우에 그 매매 계약을 취소할 수 있기도 하지만, 그 반대의 경우도 가능하다. 예를 들어 어떤 저명한 미술가 A가 아주 오래전에 그린 그림이어서 자신의 그림이 아니라고 생각하여 이를 싼 가격에 판 경우에, 만약 자신의 그림이라고 생각하였다면 절대로 그 가격에 팔지 않았을 것이라는 점이 인정되고, A가 위와 같은 착오를 함에 있어서 중대한 과실이 없었다는 점이 인정되면 위 매매 계약을 취소할 수 있을 것이다.

최근에는 미술소비자가 미술가의 미술품을 직접 눈으로 확인한 후 이에 대해 거래하는 경우보다 미술가가 직접 운영하는 인터넷 개인 홈페이지나 지마켓, 인터파크 등 인터넷상의 쇼핑몰에 게시된 사진을 보고 이를 거래하는 경우가 많아졌다. 이와 같은 거래에서는 미술가가 미술품을 미술소비자에게 직접 건네주는 것이 아니라 택배 등 별도의 계약을 통해 이를 배달하는 사람이 개입하는 경우가 많다. 그러나 이를 배달하는 사람이 별도로 존재한다고 해서 미술가와 미술소비자 간의 계약의 성질이 달라지는 것은 아니다. 즉 택배 계약이나 운송 계약 등의 계약은 물건을 배달시키려는 미술가와 택배사업자 또는 운송인 간에 이루어지는 계약으로, 물건을 받는 미술소비자는 택배 계약이나 운송 계약과 아무 상관이 없다. 이 경우 미술품을 배달하는 사람은 단순히 미술가의 이행보조자(민법 제391조 참조)일 뿐이므로, 예를 들어 미술품을 배달하는 과정에서 미술품이 파손된 경우에는 미술가는 소비자에게 판매한 미술품을 제대로 넘겨주지 못한 경우가 되어 그에 대한 채무불이행책임을 부담하게 되며, 위 미술품 파손에 대한 책임은 미술가가 다시 택배 계약이나 운송 계약에 따라 택배사업자 또는 운송인에게 부담시킬 수 있을 뿐이다.

II. 미술품 제작에 미술소비자의 의사가 개입된 경우

미술품 제작에 미술소비자의 의사가 개입된 경우, 즉 미술가가 미술소비자의 주문을 받아 미술품을 제작하는 경우에 미술품의 제작에 필요한 재료는 미술가가 주로 공급하게 되는데, 이러한 계약을 이른바 제작물공급 계약이라고 한다. 이와 같은 계약은 한편으로는 미술가가 미술소비자의 주문에 따라 미술품을 제작한다는 점에서 민법상 도급 계약[20]의 요소를 갖고, 다른 한편으로는 제작한 미술품을 공급한다는 점에서 민법상 매매 계약의 요소를 갖는다. 이처럼 두 가지 요소를 포함하고 있기 때문에 이와 같은 계약의 법적 성질을 어떻게 보아야 하는지, 또 그에 따라 어떤 법 규정이 위와 같은 계약에 적용되는지에 대해 학자들 간에 견해 대립이 있다.

제1설은 당사자들의 의사를 표준으로 하여 일의 완성을 목적으로 할 때에는 도급이고, 제작물의 소유권 이전을 목적으로 할 때에는 매매로 본다. 그러나 이는 현실적으로 당사자의 의사를 정확히 탐구하기가 곤란하고 그 구별표준이 너무 추상적이어서 현재 이를 지

20) 도급 계약이란, 예를 들어 어떤 땅의 소유자가 건축업자에게 그 땅 위에 건물을 짓도록 하는 것과 같이, 당사자 일방이 일정한 일을 완성할 것을 약정하고, 상대방이 그 일의 결과에 대하여 보수를 지급할 것을 약정함으로써 성립하는 계약이다(민법 제664조 참조).

지하는 학자는 없다.

제2설은 제작물공급 계약은 항상 도급 계약이라고 한다. 이 견해는 제작물공급 계약이 일반적인 도급 계약과 차이를 보이는 것은 사실이지만, 제작물공급 계약에 있어서 공급자가 인도의무 이외에 소유권이전의무를 부담한다고 하더라도 도급 계약의 본질에 어긋나는 것이 아니라고 한다. 특히 제작자가 주문자로부터 의뢰를 받아 주문인을 위하여 목적물을 제작할 경우에 주문인이 보수를 지급하지 않는 등의 특별한 사정이 있는 경우가 아니라면 일반적으로 제작자는 주문인의 소유물이라고 생각할 것이라는 것이다.[21] 그러나 만일 주문자의 주문 내용이 단순히 자신이 좋아하는 어떤 그림의 사진을 미술가의 별다른 창조적 개성 없이 머그컵에 프린트해 달라는 것처럼 제작물이 이른바 대체물일 경우에는, 주문자는 자신이 받을 물건이 자신의 주문 후에 새로 만든 것이든, 우연히 그러한 제작물을 미리 만들어 놓아서 그 만들어 놓았던 물건을 받게 되든 만족할 것이다. 따라서 제작물공급 계약이 항상 도급 계약의 성질을 갖는다고 보기는 어려울 것이다.

제3설은 제작물공급 계약에 대해 매매와 도급의 성격을 함께 갖는 혼합 계약으로 파악해야 한다고 본다. 이 견해는 제작물공급 계약은 물건의 제작이라는 측면에서는 도급이고 제작물의 공급이라는 측면에서는 매매에 해당하므로 개개의 법률 관계의 특성에 맞게 매매 또는 도급의 규정이 적용되어야 한다고 주장한다.[22] 그러나 이 견해에 따르면 구체적으로 어떤 경우에 어떤 규정을 적용할 것

21) 김주수, 《채권각론》, 삼영사, 1993, 358-359면.
22) 이은영, 《채권각론》, 박영사, 1999, 511-512면.

인지의 문제를 다시 따져 보아야 하고, 도급과 매매의 규정을 모두 적용한다고 해서 반드시 타당한 결과를 가져오는 것은 아니라는 비판이 있다.

제4설은 다수설인데, 제작물공급 계약에서 제작물의 성질이 이른바 대체물일 때에는 매매 계약의 성질을 가지고, 제작물의 성질이 다른 물건으로 대체할 수 없는 이른바 부대체물일 때에는 도급 계약의 성질은 갖는다고 본다. 계약에 의해 제작·공급해야 할 물건이 특정 주문자의 수요를 만족시키기 위한 부대체물인 때에는 공급자는 다른 물건으로 대용하지 못하고 주문자의 희망에 적합한 물건을 반드시 제작하여야 하므로 도급으로 보아야 하지만, 제작물이 대체물일 때에는 이미 만들어 놓은 물건이든 새로 제작한 물건이든 계약 내용대로의 성질을 갖기만 하면 되므로 매매로 볼 수 있다는 것이다.[23)]

대법원도 "당사자의 일방이 상대방의 주문에 따라 자기 소유의 재료를 사용하여 만든 물건을 공급하기로 하고 상대방이 대가를 지급하기로 약정하는 이른바 제작물공급 계약은 그 제작의 측면에서는 도급의 성질이 있고 공급의 측면에서는 매매의 성질이 있어 대체로 매매와 도급의 성질을 함께 가지고 있으므로, 그 적용 법률은 계약에 의하여 제작 공급하여야 할 물건이 대체물인 경우에는 매매에 관한 규정이 적용되지만, 물건이 특정의 주문자의 수요를 만족시키기 위한 부대체물인 경우에는 당해 물건의 공급과 함께 그 제작이 계약의 주목적이 되어 도급의 성질을 띠게 된다"[24)]고 하여 제

23) 곽윤직, 《채권각론》, 박영사, 1998, 443-444면.

24) 대법원 1987.7.21. 선고 86다카2446 판결; 대법원 2006.10.13. 선고 2004다21862 판결 등.

4설의 입장을 취하고 있다.

제4설의 입장에 따를 때에 미술가가 미술소비자의 주문을 받아 미술품을 제작하는 경우에 어떠한 법적 문제가 발생한다면 우선 해당 미술품이 어떠한 성격을 갖는지에 대해 판단해 보아야 한다. 다만 미술품이라고 한다면 대부분의 경우에는 약간이라도 미술가의 창조적 개성이 포함되어 부대체물인 경우가 일반적일 것이다. 이러한 경우 미술품에 어떠한 하자가 있는 경우에는 매매에 관한 민법 제580조가 아니라 도급에 관한 민법 제667조 이하의 수급인의 담보책임에 관한 규정이 적용되어 도급인, 즉 미술소비자가 작품의 하자를 알지 못한 것에 대해 과실이 있어도 수급인, 즉 미술가에게 그 하자에 대한 책임을 물을 수 있다.[25)]

제3절 화랑을 통한 거래

미술품을 진열·전시하고 판매하는 장소를 화랑(畵廊) 또는 갤러리(gallery)라고 한다. 이러한 화랑은 사회적·공적 시설인 미술관(museum)과는 구별된다.[26)] 그러나 런던의 국립미술관의 명칭이 내셔널갤러리(The National Gallery)이고, 미국 워싱턴의 동양미술 전문

25) 대법원 1990.3.9. 선고 88다카31866 판결 참조.

26) 미술관은 '박물관 및 미술관진흥법'에 따라서 시설, 인원, 소장품을 관련법에 맞추어 지방자치단체에 등록 신청 인가를 받아야 한다. 그에 비해 갤러리는 인가 없이 개인이 사업자 등록만 하면 개관이 가능하다. 소장품이 없이도 운영이 가능하고, 시설물이나 인력에 큰 제약이 없다(이일수, 《즐겁게 미친 큐레이터》, 생각의 나무, 2010, 116-119면 참조).

미술관의 명칭이 프리어갤러리(Freer Gallery of Art)인 것처럼, 미국이나 유럽 등지에서는 공공 갤러리(Public Gallery)라는 분류 아래 미술관에 해당하는 시설을 갤러리의 유형으로 포함시키기도 한다.

근대 이전의 미술가들은 왕족과 귀족들의 보호와 지원으로 생활해 왔고, 자연스레 작품의 내용에 대해서도 간섭이 있을 수밖에 없었다. 그러나 프랑스대혁명 이후 미술가들은 과거의 신권과 왕권주의에서 벗어나 좀더 자유로운 창작 의지를 구현하고자 하였다. 그리고 그러한 사회적 변화와 함께 미술품의 발표 장소도 국가 주도의 아카데미즘에 젖은 형식을 탈피한 개인적이고 독자적인 방법이 필요했다. 미술품의 거래에서 화랑이 자리를 잡게 된 것은 이러한 역사적 배경에 기초한다. 이러한 변화에 결정적인 역할을 한 것으로 평가되는 것이 귀스타브 쿠르베(Gustave Courbet)의 개인전이다.[27] 귀스타브 쿠르베는 모더니즘 미술의 시초라고 할 수 있는 사실주의(Realism)를 대표하는 화가인데, 그는 작품의 크기가 너무 크고 경건하지 못하다는 이유로 1855년 파리에서 개최된 만국박람회에서 작품의 전시를 거절당하자 자신의 후원자인 알프레드 브뤼야스(Alfred Bruyas)의 도움을 얻어 박람회장 건너편에 리얼리즘관이라는 임시 건물을 만들고, 자신의 그림 40여 점으로 따로 개인전을 열었다. 그 이후로 인상파 작가들의 작품 전시가 점차 화랑 위주로 옮겨 가면서 19세기 이후에는 화상(畵商) 또는 아트딜러(Art dealer)가 영업적으로 운영하는 미술작품 진열 및 판매장으로 확산되게 된 것이다.

이러한 화랑은 현대의 미술품 거래에서 크게 두 가지의 역할을 한다. 하나는 미술품을 진열·전시함으로써 미술소비자에게 미술품

27) 최병식, 《미술 시장과 아트딜러》, 45-46면 참조.

에 대해 관심을 갖도록 하고 미술품을 안내하는 역할이고, 다른 하나는 미술품의 판매를 돕는 역할이다. 아래에서는 미술가와 화랑의 관계, 화랑과 미술소비자의 관계를 중심으로 이에 대해 간단히 설명하도록 하겠다.

I. 미술가와 화랑의 관계

1. 미술가와 대관화랑의 관계

현대의 화랑은 크게 상업화랑과 대관화랑의 두 가지 유형으로 구분할 수 있다.[28] 이러한 구분은 미술품의 판매 가격에 화랑의 이윤이 포함되는지 여부에 따른 구분이라고 할 수 있는데, 대관화랑은 글자 그대로 임대료를 받고 그림을 전시할 장소를 빌려 주는 것을 목적으로 하는 화랑으로서 단순히 작가에게 장소를 대관한 것에 불과하기 때문에 미술품의 판매 시에 화랑이 개입할 여지가 없게 된다.

---

28) 그 외에 기획화랑을 포함하여 세 가지 유형으로 구분하기도 한다(최병식, 《미술 시장과 경영》, 동문선, 2001, 49-53면 참고). 기획화랑이란 화랑의 주도하에 특정한 주제를 내용으로 전시를 기획하는 것을 전문으로 하는 화랑을 의미하는데, 성곡미술관, 금호미술관, 사간동의 아트선재, 인사동의 사비나갤러리, 청담동의 카이스갤러리 등이 이에 해당한다. 그러나 기획과 대관이 동시에 이루어지는 경우나 상업화랑에서 기획 전시를 하는 곳도 있다는 점에서 기획화랑을 하나의 특별한 유형으로 구분하는 것이 반드시 타당한지에 대해서는 의문이 있다. 오히려 기획화랑도 결국에는 작품 판매 시 화랑의 이윤을 포함하는지 여부에 따라 상업화랑과 대관화랑으로 다시 구분할 수 있을 것이라는 점에서, 미술품 거래의 당사자가 가지는 역할이라는 측면에서는 상업화랑과 대관화랑의 두 가지 유형으로 구분하는 것이 타당할 것이다.

따라서 미술품의 판매 가격에 화랑의 이윤은 포함되지 않는다.

대관화랑은 주로 서울의 인사동 지역에 집중되어 있는 편이지만, 그 외에 문화예술회관이나 구민회관 등 시청이나 구청에서 운영하는 전시장이나 백화점의 갤러리 등도 전시할 장소를 대여한다는 측면에서는 대관화랑에 속한다고 할 수 있다. 미술가가 화랑을 대관하여 자신의 미술품을 전시하는 것은 자신의 작품을 알려서 이를 판매하기 위한 것이 주된 목적이겠지만, 실제로는 자신의 경력을 쌓기 위한 것인 경우도 많이 있다.[29)]

대관화랑은 작가 스스로의 필요에 의한 전시를 개최할 수 있도록 단순히 공간을 제공하는 역할을 할 뿐이므로, 이 경우에 화랑의 역할은 오로지 장소의 임대일 뿐이다. 즉 대관화랑과 작가와의 관계는 민법상 임대차 관계에 해당한다.

일반적으로 임대차라고 하면 주택임대차나 상가임대차와 같이 비교적 장기간 목적물을 임대하는 경우를 생각하게 된다. 이에 따라 민법의 임대차에 관한 규정에는 일정한 기간 동안 목적물을 계속하여 사용할 것을 전제로 한 규정들이 많이 존재한다. 그러나 민법은 임대차의 최단존속기간에 대한 제한을 두고 있지 않으므로 일시적인 사용을 위한 임대차도 가능하다. 이 경우 위와 같이 장기간의 계속적 사용을 전제로 하는 규정들은 적용하기에 부적절하므로, 민법 제653조는 일시 사용을 위한 임대차에 이러한 규정들이 적용되지 않는다고 하고 있다. 이때에 미술가의 화랑 대관을 '일시 사용

---

29) 다만 이러한 측면에서 볼 때에 미술전문가들은, 전문적인 갤러리스트와 큐레이터, 작가에 의해 엄격하게 선별된 작품만을 전시하는 기획화랑에서의 전시와 달리 일반적인 대관화랑에서의 전시는 큰 가치를 두지 않는다고 한다(〈딜러·대관 갤러리 미술품, 조심하십시오〉, 《동아 이코노미》 2010년 6월 27일 기사 참고).

을 위한 임대차'라고 할 수 있는지가 문제 된다.

어느 경우를 '일시' 사용을 위한 임대차라고 할 것인지에 대하여 민법은 아무런 규정을 두고 있지 않다. 우선 기간이 단기간이어야 할 것임은 분명하지만, 존속기간의 장단이란 상대적이고 주관적인 것이므로 일률적으로 판단하는 것은 쉽지 않다. 결국 이는 임대차의 목적과 임차물의 종류, 구조, 설비, 차임의 액수 등 제반요건을 가미하여 볼 때 당사자 사이에 임대차를 단기간에 한하여 존속시킬 의사가 있었다고 판단되면 일시 사용을 위한 임대차로 보는 것이 합리적이라고 할 것이다.[30] 이 경우 미술가의 화랑 대관은 미리 정해 놓은 전시 기간 동안 대관료를 지급하고 전시회를 여는 것으로서, 이때 대관료는 일반적으로 1일당 얼마 또는 1주당 얼마 식으로 일 단위 또는 주 단위로 책정된다. 예를 들어 2011년 현재 서울메트로에서 운영하는 혜화전시관은 1일당 107,800원, 메트로 1관은 1일당 275,000원으로 대관료가 책정되어 있고, 인사동의 통인화랑은 1주당 200만 원으로 대관료가 책정되어 있는 식이다.[31] 이를 볼 때 미술가의 화랑 대관은 민법상 '일시적 임대차' 또는 '일시 사용을 위한 임대차'라고 할 수 있을 것이다.

일시 사용을 위한 임대차로 인정되는 경우, 민법 제653조에 의하여 민법 제628조, 제638조, 제640조, 제646조–제648조, 제650조, 제652조는 적용되지 않으며, 통상적인 임대차와 달리 임대인에게 임차인에 대한 일정한 보호의무가 인정된다. 판례는 공중접객업인 숙

---

30) 곽윤직 편 / 민일영 집필, 《민법주해 XV 채권(8)》, 박영사, 1997, 174면.

31) 서울메트로 홈페이지(http://www.seoulmetro.co.kr/culture/page.action?mCode=D010030000&cidx=486) 및 통인화랑 홈페이지(http://www.tonginstore.com/) 대관 안내 참조.

박업을 경영하는 자가 투숙객과 체결하는 숙박 계약을 일시 사용을 위한 임대차 계약으로 본 바 있는데, 이 경우 객실 및 관련 시설은 오로지 숙박업자의 지배 아래 놓여 있는 것이므로 숙박업자는 통상의 임대차보다 한결음 더 나아가 고객에게 위험이 없는 안전하고 편안한 객실 및 관련 시설을 제공함으로써 고객의 안전을 배려하여야 할 보호의무를 부담한다고 하였다.[32] 이러한 논리는 미술가의 화랑 대관에도 그대로 적용된다고 할 수 있을 것이므로, 예를 들어 대관화랑의 보호의무 불이행으로 인하여 미술품이 파손된 경우 화랑은 채무불이행을 이유로 하는 손해배상책임을 부담한다고 할 것이다.[33]

2. 미술가와 상업화랑의 관계

미술품의 거래에 있어서 상업화랑이 하는 역할은 매우 다양하다. 대표적인 몇 가지 역할만 열거해 보면 다음과 같다.[34] ① 기획이나 초대전 형식의 전시 개최, ② 상설전시를 통한 판매, ③ 국내외의 아트페어 참여, 기획, ④ 건축물 미술장식품, 공공미술 에이전시(Agency), ⑤ 고객이나 애호층, 컨설팅, ⑥ 전속작가 제도, 레지던시, 공방 운영, 작가 지원, ⑦ 뮤지엄, 경매, 아트펀드 등과 관계 형성, ⑧ 홈페이지 운영, 전시 정보, 작가 자료 등 제공, ⑨ 국내외 지점 운영, 해외 갤러리와 공동 기획.

---

32) 대법원 1994.1.28. 선고 93다43590 판결; 대법원 2000. 11. 24. 선고 2000다38718,38725 판결 등.

33) 위의 판결 참고.

34) 최병식, 《미술 시장과 아트딜러》, 102면.

이처럼 다양한 역할을 하는 상업화랑에 대해 간단하게 정의하는 것은 쉽지 않지만, 대관화랑과 비교해 볼 때에 상업화랑의 가장 큰 특징은 미술품의 판매에서 일정한 이윤을 취득한다는 점이라고 할 수 있다. 예를 들어 미술계의 일반적인 관행으로 초대전을 할 때에는 화랑이 도록(圖錄) 인쇄와 액자, 작품 제작 지원 등의 다양한 지원을 하는 대신 미술품 판매액의 약 30-50% 정도를 이윤으로 취득하는 것이 일반적이라고 하며, 기획전과 같은 때에는 미술가가 자비로 도록을 제작하거나 안내 제작물을 제작하는데 이때에는 미술품 판매액의 약 30% 정도를 이윤으로 취득한다고 한다.[35] 결국 영리를 목적으로 하는 화랑을 총칭하여 상업화랑이라고 할 수 있을 것이다.[36]

여기서 미술품을 판매하는 것과 관련해서는 법적으로 바라볼 때에 다시 두 가지의 기본적인 유형으로 구분할 수 있다. 하나는 주로 유럽에서 행해지는 방식으로 화랑이 미술가로부터 우선 미술품을 구매한 후에 나중에 미술소비자들에게 이를 다시 판매하는 방식의 거래 형태이다. 그리고 다른 하나는 주로 미국에서 행해지는 방식으로서, 미술가가 화랑에 미술품의 매매를 위탁하여 행해지는 위탁판매의 형태이다.[37] 그 외에 계약자유의 원칙상 화랑과 미술가 간의 별도의 계약에 의해서 화랑이 미술가의 대리인으로 활동하는 경우나 단순히 미술품의 매매를 중개하는 역할을 하는 경우도 있을 수 있지만, 일반적이지는 않은 것으로 보인다.

---

35) 최병식, 《미술 시장과 경영》, 48-49면.
36) 최병식, 《미술 시장과 아트딜러》, 18면.
37) DuBoff, Leonard D./Christy O. King, *op. cit.*, p.126.

(1) 미술품의 재판매를 목적으로 하는 경우

상업화랑은 미술품을 미술가로부터 구입하여 이를 다시 미술소비자에게 판매하는 방식에서 시작되었다고 할 수 있다. 초기에는 엄밀히 말하면 장소 내지 사업체로서의 화랑이라는 존재보다는 화상 내지 아트딜러로서의 개인이 그 역할을 수행했었지만, 그 역할은 지금의 화랑이 하는 역할과 비슷하였다. 이들은 19세기와 20세기 초의 미술가들이, 근대 이전의 미술가들이 왕족과 귀족들의 보호와 지원을 받았던 것에서 탈피하여, 스스로의 예술 세계를 개척하고 생활하는 데에 있어서 때로는 동지이자 후원자, 상인으로서 동고동락해 왔으며, 새로운 사조가 탄생하는 데에 막대한 영향을 미치기도 하였다. 예를 들어 인상파가 자리잡는 데에 결정적인 역할을 한 것으로 알려져 있는 폴 뒤랑뤼엘(Paul Durand-Ruel)은 르누아르, 모네, 마네, 드가, 세잔 등 인상파 화가들의 작품이 큰 인기를 얻지 못했을 때부터 그들의 작품을 열심히 구매하였고, 특히 마네의 작업실에 있는 작품 대부분을 사들이기까지 했었다. 또 피카소를 알리고 입체파가 자리잡는 데에 큰 역할을 한 것으로 알려져 있는 다니엘 헨리 칸바일러(Daniel-Henry Kahnweiler)는 피카소, 드랭, 블라맹크 등과 관계를 맺고 그들의 작품을 상당수 사들여 전시회를 개최하기도 하였다.[38] 특히 폴 뒤랑뤼엘은 미술가들의 작품을 구입하는 데 있어 평소에 정기적으로 생활비를 지원하는 대신 미술가가 제작하는 모든 작품에 대한 선매권을 얻어서 그 작품을 자신이 우선적으로 구입할 수 있도록 하는 방식을 적용하기도 하였다.[39]

---

38) 최병식, 《미술 시장과 아트딜러》, 46-54면 참조.

39) 위의 책, 48면.

이러한 방식은 현재에도 주로 유럽을 중심으로 행해지고 있는데, 이 경우 화랑과 미술가 사이의 법률 관계는 미술가로부터 미술품을 구매할 때 화랑이 그 미술품의 매매대금을 지급하고 미술가가 미술품을 화랑에게 인도하는 것으로써 종료되고, 그 미술품을 다시 판매하는 데 있어 미술가에게 어떠한 계약상의 의무도 부담하지 않는다.[40)]

그러나 이런 방식은 화랑에 미술품의 구입을 위한 어느 정도의 기초자산이 확보되어 있음을 전제로 하기 때문에 미술품의 재판매만을 목적으로 하기는 힘들며, 특히 우리나라의 화랑들은 미술가들로부터 몇몇 작품을 구입한 후 이를 재판매하기도 하지만, 일반적으로는 다음과 같은 위탁매매의 방식을 취하는 경우가 많다.

(2) 미술품의 위탁매매를 목적으로 하는 경우

위탁매매란 위탁자에게 위탁을 받아 위탁매매인이 거래의 당사자가 되어 목적물을 판매하고, 그 경제적인 손익은 위탁자에게 귀속시키는 것을 말한다. 이러한 위탁매매를 영업으로 하는 자를 위탁매매인이라고 하는데(상법 제101조), 오늘날 대표적인 위탁매매인으로는 증권회사를 들 수 있다. 즉 증권회사는 고객으로부터 주권의 매매의 위탁을 받아 증권시장에서 고객의 대리인으로서가 아니라 스스로 매도인과 매수인으로서 다른 증권회사와 매매행위를 한다. 고객은 매도위탁의 경우에는 주권을 증권회사에 인도하고 그 대금을 증권회사로부터 받으며, 매수위탁의 경우에는 증권회사에 대금을 지급하고 매수한 주권의 교부를 받는다. 그리고 증권회사는

---

40) DuBoff, Leonard D./Christy O. King, *op.cit.*, p.126.

고객에게 수수료를 청구한다. 이로써 고객은 자신이 직접 매매 당사자가 되지 않고도 직접 매매를 한 것과 같은 경제적 효과를 얻게 되는 것이다.[41)]

화랑을 통한 미술품의 거래에서도 이러한 방식이 사용된다. 즉 화랑은 미술가의 대리인으로서가 아니라 스스로 거래의 주체가 되어 미술소비자에게 미술품을 판매하고, 또 미술소비자의 대리인으로서가 아니라 스스로 거래의 주체가 되어 미술가에게 대금을 지불한다. 미술가는 미술품을 화랑에 인도하고 화랑에서 그 대금을 받으며, 미술소비자는 화랑에 대금을 지불하고 미술품을 인도받는다. 그리고 화랑은 중간에서 수수료를 받는다.

이러한 거래 방식은 한편으로는 미술품의 재판매와 유사한 것으로 보이기도 하지만, 미술품의 재판매에서 미술소비자를 찾기 전까지도 화랑이 그 소유권을 보유해야 하는 것과 달리 해당 미술품의 소비자를 찾은 후에 그 소유권 이전에 관한 절차를 밟을 수 있다는 점에서 화랑의 부담을 덜어 주게 된다.[42)] 뿐만 아니라 미술가로서도 미술소비자를 찾기 위한 노력을 전문적인 화랑에게 부담시킬 수 있고, 미술소비자를 찾기까지 자신이 작품을 보관할 필요 없이 화랑으로 하여금 이를 전시·보관하도록 할 수 있다는 점에서 편리하다. 이에 따라 미국의 많은 주에서는 다른 특별한 약정이 없는 한 미술품이 화랑에 배달되면 자동적으로 위탁매매 관계가 성립한다는

---

41) 최기원, 《상법학신론(상)》, 박영사, 2004, 327면.

42) 앞서 본 폴 뒤랑뤼엘과 같이 성공한 화상도 1872년에 마네의 작품실에 있던 대부분의 작품(총 23점의 작품)을 구입한 후 한동안 재정 위기에 빠졌었다는 사실은 화랑이 미술품을 단순히 구매한 후 재판매하는 방식이 화랑에 얼마나 큰 부담이 될 수 있는지를 여실히 보여 주는 사건이다.

법률(legislation)을 두고 있다.[43]

위탁매매 관계가 성립한 경우에 미술가와 화랑의 관계는 다음과 같다. ① 화랑이 미술가에게 받은 미술품과 그 미술품의 위탁매매로 인하여 취득한 채권은 미술가와 화랑의 관계에서는 이를 미술가의 소유 또는 채권으로 본다(상법 제103조), ② 화랑이 위탁받은 매매를 한 때에는 지체없이 미술가에 대하여 그 계약의 요령과 상대방의 주소, 성명의 통지를 발송하여야 하며 계산서를 제출하여야 한다(상법 제104조), ③ 화랑은 미술가를 위한 매매에 관하여 미술품의 구입자 측에서 채무를 이행하지 아니하는 경우에는 미술가에 대하여 이를 이행할 책임이 있다. 그러나 다른 약정이나 관습이 있으면 그러하지 아니하다(상법 제105조), ④ 미술가가 미술품에 대하여 일정한 가격을 지정하였을 때에 그 지정한 가격보다 염가로 매도한 경우에도 화랑이 그 차액을 부담한 때에는 그 매매는 위탁자에 대하여 효력이 있다. 또 미술가가 지정한 가격보다 고가로 매도한 경우에는 그 차액은 다른 약정이 없으면 화랑의 이익으로 한다(상법 제106조), ⑤ 화랑이 위탁매매의 목적물인 미술품을 인도받은 후에 그 미술품의 훼손 또는 하자를 발견하거나 그 물건이 부패할 염려가 있는 때 또는 가격 저락의 상황을 안 때에는 지체 없이 미술가에게 그 통지를 발송하여야 한다. 이때에 미술가의 지시를 받을 수 없거나 그 지시가 지연되는 때에는 화랑은 미술가의 이익을 위하여 적당한 처분을 할 수 있다(상법 제108조).

위와 같은 규정이나 그 외에 별도의 약정이 없는 때에는 미술가와 화랑의 관계에는 민법상 위임에 관한 규정을 적용한다(상법 제

43) DuBoff, Leonard D./Christy O. King, *op.cit.*, p.126.

112조). 따라서 화랑은 수임인으로서 미술가를 위하여 선량한 관리자의 주의로써 미술품의 매매를 처리해야 할 일반적인 의무를 부담한다(민법 제681조). 이러한 일반적인 의무로서 미술품을 일정 기간 전시하여 일반인들에게 이를 알리고, 잠재적인 미술소비자를 미술품 구입으로 유도하는 것을 들 수 있을 것이다. 다만 이러한 내용은 대부분 화랑의 약관에 의해 좀더 구체적으로 미리 정해져 있는 것이 일반적이다. 예를 들어 다음과 같은 사항들이다. ① 판매할 작품의 종류, 화랑의 권한의 지역적 범위, 계약 존속기간(계약의 연장 혹은 종료 절차를 포함)과 같은 화랑의 권한 범위, ② 특정 화랑만이 당해 작가의 작품을 독점적으로 판매할 것인지 또는 다른 화랑도 함께 판매할 수 있는 것인지와 같은 전속 계약의 체결 여부, ③ 누가 보관, 보험, 광고 선전, 전시, 도록 작성, 액자, 운송 등의 비용을 부담하는지 여부 등.[44)]

II. 화랑과 미술소비자의 관계

1. 미술품을 감상하고자 하는 미술소비자와 화랑의 관계

넓은 의미에서의 미술소비자란 미술품의 소유권 이전을 목적으로 하는 사람 외에 일정한 대가를 지급하고서라도 미술품을 감상하고자 하는 사람까지 포함한다고 해야 할 것이다. 이러한 미술소비자에게 미술품을 쉽게 감상할 수 있도록 해 주는 것은 화랑의 가장 중

---

44) 이상정, 《미술과 법》, 세창출판사, 2009, 76-77면.

요한 역할 중 하나라고 할 수 있다. 대관화랑은 물론 상업화랑에서도 미술품에 대한 잠재적인 구매자를 모집하기 위하여 미술품을 전시하고 그에 대해 안내하기 때문이다.

화랑에서는 미술품을 감상하고자 하는 사람들에게 일정한 관람료를 받기도 한다. 이러한 관람료는 미술가와의 계약에 따라 미술가와 화랑이 서로 분배하게 되지만, 대관화랑에서는 미술가가 단순히 자신의 작품을 알리고 경력을 쌓기 위하여 전시하는 경우에, 또 상업화랑에서는 미술품의 잠재적 구매자들에게 미술품을 안내하기 위하여 관람료를 무료로 하는 경우도 많다.

2. 미술품을 구매하고자 하는 미술소비자와 화랑의 관계

미술품을 구매하고자 하는 미술소비자의 입장에서 화랑이 이미 구입한 미술품을 재판매하는 것인지 아니면 미술가에게 위탁받아 위탁매매를 하려고 하는 것인지는 중요하지 않다. 즉 위탁매매에서도 화랑은 미술가를 위한 매매로 인하여 상대방에 대하여 직접 권리를 취득하고 의무를 부담하기 때문에(상법 제102조), 화랑과 미술소비자의 관계는 일반적인 매매에 있어서 매도인과 매수인의 관계와 같다. 이것은 미술품의 구매자가 위탁매매라는 것을 안 경우에도 마찬가지이다. 따라서 매매 계약의 성립과 효력에 영향을 미칠 사유들, 예를 들어 착오나 사기의 존재 여부, 상계의 주장이 가능한지 여부 등은 모두 화랑과 미술소비자 사이에 존재하는 사유만을 기준으로 하여 결정되며, 화랑과 미술가 사이의 내부 관계나 미술소비자가 미술가에 대해 갖는 법적인 사유들은 매매의 효력에 영향을 미치지 않는다.

3. 미술품을 대여하고자 하는 미술소비자와 화랑의 관계

최근에는 미술품 가격의 일정한 비율을 보증금으로 하고 매월 일정액의 대여료를 지급하는 것을 조건으로 하여 미술품을 대여하는 경우가 늘고 있다. 이는 고가의 미술품을 구매하여 소장하기는 힘들지만 단순히 화랑이나 미술관에서 감상하는 것에 그치지 않고 자신이 원하는 장소에 미술품을 전시하여 이를 통하여 분위기를 연출하고 자주 감상하고자 하는 사람들을 대상으로 한다. 이처럼 미술품을 대여하고자 하는 사람들 또한 미술소비자라고 할 수 있을 것이다. 이러한 미술품 대여는 통상적으로 유상으로 물건의 이용을 목적으로 한다는 점에서 민법상 임대차 관계라고 할 수 있다. 이에 따르는 화랑과 차용인의 법률 관계는 다음과 같다.[45]

미술품의 대여자인 화상은 차용인인 미술소비자로 하여금 미술품을 사용, 수익하게 할 적극적 의무를 부담한다(민법 제623조). 따라서 화랑은 기본적으로 당해 미술품을 차용인인 미술소비자에게 인도해야 할 의무를 부담하며, 이때 대여 미술품의 대여 기간, 인도에 따른 사진 촬영, 실측 기록, 훼손을 방지하기 위한 포장 및 운송 등이 미술품 인도의무의 구체적 내용이 된다.

또 화랑은 당해 미술품의 상태를 점검하여 이를 기록한 자료를 차용인에게 제공해야 하며, 차용인은 이를 기초로 대여 미술품에 이상이 있을 경우 즉시 대여자인 화랑에 통고할 의무가 있다. 즉 차용인은 대여 미술품을 수령한 시점에서부터 반환할 때까지 대여 목적물의 상태를 수시로 체크하여 화랑에 즉시 통지할 의무가 있으며

45) 이에 대한 상세한 내용은 최정환, 〈미술품 대여 계약〉, 문화예술산업과 지적재산권 세미나 자료, 한국지적소유권학회, 2002, 87-92면 참조.

(민법 제634조 참고), 이때 대여 미술품이 파손되거나 기타 관리 부주의로 인해 미술품에 하자가 발생한 경우에는 화랑으로부터 적절한 조치를 받을 의무가 있다.

미술품의 차용인인 미술소비자는 매월 미술품의 대여비용을 지급해야 하고(민법 제618조, 제633조 참고), 대여료와는 별개로 대여료 지급채무 등을 담보하기 위하여 계약에 따라 보증금을 지급하기도 한다. 최근에 동숭갤러리에서 산정한 미술품 대여비용을 보면 100만 원 미만의 작품은 월 3%, 1천만 원 이하의 작품은 월 2%, 1천만 원 이상의 작품은 월 1.5%로서 미술품을 대여받은 사람이 나중에 이를 구입하고자 하면 일정한 할인 혜택을 주고 있음을 알 수 있다.[46)]

한편 차용인은 대여 미술품을 대여자에게 반환할 때까지 선량한 관리자의 주의로 이를 보관하여야 하는데(민법 제374조), 미술품의 전문 취급자가 아닌 일반인인 차용인에게 어느 정도의 주의의무를 요할 것인지 그 범위를 정하기 어렵고, 주의의무 위반으로 책임을 묻는다 하더라도 미술품의 특성상 그 손해를 전부 보전하기 어려우므로, 미술품 대여 계약에서는 보험 가입이 필수적이라고 할 수 있다.

---

46) 인터넷 에이빙 뉴스 2011년 12월 7일 기사 참조(http://kr.aving.net/news/view.php?articleId=223440&Branch_ID=kr&rssid=naver&mn_name=news).

제4절 경매를 통한 거래

앞에서 본 것처럼 미술품의 거래가 이루어지는 미술 시장을 미술품에 대한 거래의 최초성 여부에 따라 1차 시장과 2차 시장으로 구분할 때에 1차 시장을 대표하는 곳이 화랑이라면, 2차 시장을 대표하는 곳이 경매회사이다. 미술품의 가격은 재료의 가격, 미적 호소력, 작가의 현재적 지위, 비슷한 작품으로의 대체 가능성, 작가의 다른 작품의 가격과의 비교 등 다양한 요소에 의해 결정되는데, 경매는 이러한 보이지 않는 요소들을 평가하는 가장 효과적인 방법이다.[47)]

화랑을 통해 미술품의 거래가 이루어질 때에는 어떤 미술품이 얼마에 팔렸는지 또 그 거래에서 화랑이 수수료를 얼마나 받았는지 공개하지 않는다. 그러나 경매회사를 통해 미술품이 거래될 때에는 그 미술품이 팔려 나가는 순간 판매 가격이 천하에 공개된다. 기존의 기록을 깨는 높은 가격이 나오거나 특이한 물건이 팔리면 다음 날 바로 신문에 보도된다. 그리고 경매회사는 낙찰가의 10%든 20%든 회사마다 미리 정한 만큼의 수수료를 받는다. 또 화랑을 통해 미술품의 거래가 이루어질 때에는 화랑이나 미술가와 친분 관계가 있는 사람이 더 좋은 정보를 가지고, 때로는 더 싸게 구입할 수 있다. 그러나 경매회사를 통해 미술품의 거래가 이루어질 때에는 특정 고객에게만 좋은 정보를 더 제공하거나 수수료를 할인해 주는 것이 화랑을 통한 거래에 비해 상대적으로 어렵다. 즉, 경매는 대중이 참여하기 더 쉽고, 상대적으로 공정하고 투명하다.[48)]

---

47) 이상정, 앞의 책, 78면.

비록 최근 몇 년간 경매사는 각종 스캔들과 그로 인한 벌금,[49] 미술품 획득을 위한 파렴치한 행동, 합병과 이에 따른 전술적 후퇴 등으로 흔들려 오기도 했지만, 여전히 많은 사람들이 경매회사를 통해 미술품을 구입하는 이유는 위와 같이 자유로운 참여, 객관적인 정보 획득, 상대적으로 투명한 가격 결정 등을 이유로 한 경매 제도에 대한 신뢰 때문이다. 또 이러한 점 때문에 경매를 통해 구입한 미술품은 다른 시장에서 구입한 것이 비해 재판매가 비교적 쉽게 이루어질 수 있다는 점도 경매회사를 통해 미술품을 구입하고자 하는 이유 중 하나라고 할 수 있다.[50]

물론 우리나라에서는 거래자의 신원을 노출해야 한다는 점에서 경매를 통한 미술품 구입에 어려움을 겪고 있는 부분도 있다. 또 경매가 이루어지기 위해서는 감정 체계가 확보되어야 하고 양질의 미술품을 확보해야 하는 등의 몇 가지 필수적인 조건이 있는데, 이를 위한 전문가들이 충분하지 않다는 점도 문제이다.[51] 그러나 1998년에 설립된 서울옥션과 2005년에 설립된 K옥션 등 경매회사의 역할은 미술 시장의 변화에 상당한 파급 효과를 낳았고 비교적 짧은 기간에 한국 미술 시장에서 주도적인 위치를 점유하게 되었다.[52]

---

48) 이규현, 《미술경매 이야기》, 살림, 2008, 18-19면 참조.

49) 그 대표적인 사례로 세계 2대 경매회사인 소더비와 크리스티의 독점금지법 위반 사건에 대해서는 이상정, 앞의 책, 86-89면 참고.

50) 김보름, 앞의 책, 71-72면.

51) 최병식, 《미술 시장과 경영》, 60면.

52) 최병식, 《미술 시장과 아트딜러》, 258면.

I. 경매의 유형

경매란 방식은 계약 내용에 대하여 다른 경쟁자의 표시 내용을 서로 알 수 있는 다수인으로 하여금 경쟁하게 하여 자기에게 가장 유리한 조건을 제시한 자를 골라 이 자를 상대방으로 하는 계약을 체결하는 방식을 말한다. 이러한 경매에는 값을 올려 가는 경매와 값을 내려가는 경매가 있다. 이 중 미술품의 경매는 일반적으로 값을 올려 가는 경매에 해당한다.[53]

값을 올려 가는 경매도 경매인이 먼저 최저가격을 제시하는 경우와 최저가격도 제시하지 않고 경매에 응한 사람들의 고가의 매수표시를 기다리는 경우로 나뉘는데, 이 중 미술품 경매는 통상적으로 최저가격이 정해지는 경우이다.[54] 예를 들어 국내의 대표적인 미술품 경매회사인 서울옥션의 약관은 경매 방식에 대해 다음과 같이 규정하고 있다.[55]

서울옥션 약관 제5조(경매의 방식)

① 당사는 경매 전에 응찰 희망자들이 경매 물품을 미리 살펴볼 수 있도록 하기 위해 전시회(프리뷰)를 개최합니다.

② 경매는 도록에 기재된 물품 번호순으로 이루어집니다. 단, 당사는 사전 통지 없이 예정된 물품의 경매를 철회할 수 있고, 동일 번

---

53) 이상정, 앞의 책, 78면.

54) 이는 영국에서 불법적인 담합에 대항하기 위하여 만들어진 것이라고 한다. 이에 대해서는 위의 책, 79면 참고.

55) 이하 서울옥션의 약관 내용은 2007년 5월 14일 최종 개정된 바에 따른 것이다. 이에 대해서는 서울옥션 인터넷 홈페이지(http://www.seoulauction.com/guide/aterm.asp) 참조.

호의 여러 물품을 분할해 경매에 부치거나 여러 번호의 물품을 일괄해 경매에 부칠 수도 있습니다.

③ 당사와 위탁자는 경매를 시행하기 전에 미리 경매 물품의 최저 낙찰 가격인 내정가를 정합니다. 다만, 위탁자와의 합의에 따라 내정가는 경매 시작 가격으로 책정될 수 있습니다.

④ 경매사는 위탁자와 합의한 내정가를 지키기 위하여 내정가에 도달할 때까지 입찰을 할 수가 있습니다. 이때 경매사의 입찰은 별도의 의사 표시 없이 진행할 수 있으며 실제 응찰자의 유무와 상관없이 이뤄질 수 있습니다. 응찰이 내정가까지 도달하지 못할 경우 그 응찰은 효력을 발휘하지 못합니다.

⑤ 호가는 전적으로 경매사의 재량에 의하며 경매사는 경매 진행 시 호가 증가분을 미리 제시합니다. 응찰자는 구두로 임의의 금액을 제시할 수 있으나 경매사는 이를 받아들이지 않을 수 있습니다. 경매 시작가는 내정가의 구속을 받지 않아 내정가 밑에서 정해질 수도 있고 위에서 정해질 수도 있습니다.

⑥ 경매 물품에 대하여 당사는 응찰에 참고가 되도록 낮은 추정가와 높은 추정가를 정하여 응찰자에게 제공합니다. 추정가는 경매의 참고를 위한 가격일 뿐 당사에서 책임을 지는 가격이 아니며, 낙찰 가격과도 무관합니다. 또 대외적으로 인용이 되는 것에 대해서도 당사는 책임을 지지 않습니다.

⑦ 경매사는 최고 응찰액을 1회 이상 부르고 경매봉을 두드린 후 최고 응찰자의 패들 번호를 지칭함으로써 낙찰자와 낙찰가를 결정합니다.

⑧ 경매사는 응찰자들 사이에 논쟁이 있거나 응찰의 타당성이 의심되는 경우 유효 응찰자를 결정할 수 있고 또 해당 물품을 재경매에 부칠 수도 있습니다. 낙찰자가 결정되고 경매인이 다음 작품의 경매에 착수한 후에는 누구도 이전 경매에 대해 이의를 제기할 수 없습니다.

다만 이러한 방식은 경매회사를 통한 경매에서는 대부분 비슷한 것으로서,[56] 오히려 최근에 문제되는 것은 인터넷 경매 사이트를 통한 경매와 경매회사를 통한 경매의 구분이다. 경매가 활성화되면서 미술품의 거래와 관련하여 경매회사는 어떠한 책임을 지는지가 중요한 문제가 되었는데, 인터넷 경매 사이트를 통한 경매는 그 법적 구조에서 경매회사를 통한 경매와 다른 점이 있기 때문이다. 따라서 아래에서는 경매회사를 통한 경매와 인터넷 경매 사이트를 통한 경매를 구분하여 살펴보도록 하겠다.

II. 경매회사를 통한 경매의 경우

경매회사를 통한 경매에서는 통상적으로 미술품의 판매자가 직접 구매자와 계약 체결 행위를 하는 것이 아니라, 경매인이 대리권을 갖든지 혹은 자신을 위하여 직접 경매를 시행하든지 간에 경매 절차의 진행을 통하여 직접 계약을 체결한다. 이에 따라 경매를 통해 미술품을 팔고자 하는 사람과 경매회사 간의 법률 관계는 위탁매매에 따른 위임 관계일 수도 있고, 경매회사가 판매자로부터 미리 작품을 구입한 경우에는 매매 관계가 될 수도 있다. 전자의 경우에는 경매회사가 타인의 계산으로 경매를 하는 것이고, 후자의 경우에는 자기의 계산으로 경매를 하는 것이 되지만, 경매회사가 거래 당사자가 된다는 점에서는 차이가 없다. 즉 이러한 경우 경매회사와 낙

56) K옥션의 약관 제4조도 서울옥션의 약관 제5조와 대동소이한 내용을 규정하고 있다. 이하 K옥션의 약관 내용에 대해서는 K옥션 인터넷 홈페이지(http://www.k-auction.com/Auction/Agree.aspx/) 참조.

찰자 사이에 계약이 체결되어 경매회사는 매매 계약의 당사자가 된다. 따라서 채무불이행이 발생하거나 미술품에 하자가 있는 때에는 낙찰자는 경매회사를 상대로 손해배상 내지 담보 책임을 물을 수 있다.

실제 거래계에서는 경매회사의 약관을 통하여 미술품 판매의 위탁자 및 고객의 권리·의무 사항과 경매회사의 책임 내용 및 한계를 구체적으로 정하고 있다. 예를 들어 서울옥션의 약관 내용을 보면, 본인 소유의 작품을 서울옥션의 경매 방법에 의하여 판매하고자 하는 사람을 '위탁자'라고 하며(서울옥션 약관 제2조 제1항), 위탁자는 물품 위탁 시에 경매 출품에 관련된 기본 경비(도록 등재비, 일반 감정료 등)에 해당하는 기본 출품료로서 점당 10만 원을 선납하도록 하며 이러한 출품료는 유찰이 된 경우에도 반환하지 않는다고 하고 있다(서울옥션 약관 제4조 제2항). 또 위탁자에게 자신이 위탁하는 작품에 대한 처분 권한이 있고, 위탁 물품이 문화재보호법에 저촉되지 아니함을 보증하도록 하고 있다(서울옥션 약관 제4조 제3항). 한편 서울옥션의 경매에 참가하여 작품을 낙찰받고자 하는 사람을 '응찰자'라고 하며(서울옥션 약관 제2조 제2항), 경매 도록에 기재된 작가명, 작품명, 재질, 크기, 출처 등 모든 내용은 당사의 의견일 뿐 절대적 사실이 아니므로, 응찰자가 경매 이전에 응찰 희망 물품에 대해 철저히 조사하여 작품의 훼손 및 복구 여부, 도록 기재의 오류 및 생략 부분, 작품 이미지와 실물의 차이 등에 대해 확인한 후 자신의 판단과 책임하에 경매에 참여할 의무를 부과하고 있다(서울옥션 약관 제8조). 그리고 이에 대한 서울옥션의 책임 및 면책 범위에 대해서는 약관 제13조에서 다음과 같이 자세히 규정하고 있다.

제13조(보증과 원상회복)

① 당사는 경매 물품에 대하여 도록상 첫 줄에 굵게 인쇄된 표제사항에 대하여만 중개인으로서 보증합니다. 그 이외에 도록에 실린 보조 설명이나 추정가, 기타 당사 직원이 구두나 글로 표현한 내용은 참고 자료일 뿐 보증의 내용이 아닙니다.

② 낙찰자가 원하는 경우 당사는 위 보증의 한도 내에서 보증서를 발행합니다.

③ 중개인으로서 당사의 보증 기한은 낙찰일로부터 3년까지이며, 이 기간 중 보증이 잘못된 것으로 밝혀지면 당사는 낙찰을 취소하고 낙찰대금과 수수료를 환불합니다. 다만 낙찰자가 다음 각 호의 조건을 만족시키는 경우에 한합니다.

1. 낙찰자가 당사의 보증 내용에 대해 문제를 제기하고자 할 경우, 낙찰자는 해당 작품이 거래된 경매 일자와 작품 번호, 문제 제기의 납득할 만한 근거 등을 서면으로 작성해 당사에 청구해야 합니다.
2. 낙찰자는 당사의 보증 내용에 대해 처음으로 의심을 갖게 된 시점부터 3개월 이내에 당사에 서면 청구해야 합니다.
3. 낙찰자는 해당 작품을 경매 당시와 동일한 상태로 당사에 인도해야 합니다.

④ 낙찰자가 제시한 근거에 대해 당사와 낙찰자 간 이견이 있는 경우, 당사는 해당 작품의 진위 여부를 가리기 위해 낙찰자에게 관련 분야 전문가 2인으로부터 서면 형식의 의견을 구할 것을 요구할 수 있습니다. 전문가는 낙찰자와 당사 모두가 인정한 사람이어야 합니다. 당사는 당사의 비용으로 전문가 의견을 추가로 구할 수 있습니다.

⑤ (보증 제외 사항) 다음 각 호의 경우에는 보증에서 제외됩니다.

1. 경매 당시에 경매 물품에 대한 의견이 전문가의 일반적인 의견이었으나, 이후 전문가의 의견이 변경되었거나 의견의 대립이 있는 경우
2. 학계나 전문가 집단에서 이견의 가능성을 도록을 통해서나 경매장에서 고지를 한 경우

3. 경매 당시에 일반적으로 사용되지 않는 방법이나 비현실적으로 고가의 비용이 드는 방법 또는 파괴분석을 해야 하는 방법으로 보증 내용이 틀렸음을 증명하는 경우

⑥ 당사가 보증 책임을 지는 경우 해당 작품의 위탁자도 원상회복의 의무를 갖습니다.

⑦ (양도 불가) 보증 항목에서 보증하는 내용은 양도되지 않습니다. 즉 보증 내용은 처음 구매자에게만 적용됩니다. 다만 첫 구매자가 3년 이내에 사망하여 해당 물품이 상속되었을 경우 보증 내용은 그 상속인에게 양도됩니다.

⑧ (보증 책임의 한계) 당사의 보증 책임은 낙찰자가 당사에 실제로 지불한 금액의 범위를 초과하지 않습니다. 즉 당사는 이자나 통화가치 변화에 따른 손해 등에 대해서는 지불하지 않습니다.

이러한 내용은 K옥션의 약관에서도 거의 동일하게 규정하고 있는데(K옥션 약관 제2조 제1항, 제2항, 제4조 제2항, 제7조 제2항, 제9조 참고), 다만 K옥션의 약관에는 응찰자의 조사 의무에 대한 규정이 없고, 상속인 외의 제2차 구매자에 대해서도 K옥션의 책임을 인정(K옥션 약관 제9조 제4항)하는 점 정도가 다를 뿐이다.

III. 인터넷 경매 사이트를 통한 경매의 경우

최근 인터넷 미술품 경매 사이트가 나날이 증가하고 있다. 누구나 그림을 올릴 수 있고 자유롭게 거래할 수 있는 인터넷 경매 사이트는 종래에 화랑 중심으로 이루어져 왔던 미술 제작·유통의 관행을 변화시키고 있다. 즉 화랑의 선택을 받아야만 작품 활동을 할 수 있

던 작가의 활동을 좀더 자유롭게 할 수 있는 토대가 되고, 미술품 애호가들에게는 가격 거품을 걷어 낸 직거래로 미술품을 통한 문화 향유의 폭을 넓히는 역할을 하고 있는 것이다.[57]

통상의 미술품 경매회사와 달리 인터넷 미술품 경매 사이트의 경우, 경매 장소만 열어 주고 이를 통하여 판매자와 구매자가 인터넷 경매 사이트의 참여 없이 직접 매매 계약을 체결하는 것이 일반적이다. 인터넷 경매에서는 경매인이 경매의 진행자 역할을 수행하지 않으므로, 경매인이 판매자 또는 구매자의 의사 표시를 대신할 필요가 없다. 즉 경매 사이트는 단지 경매를 할 수 있는 장소를 제공하고, 경매 진행에 관한 기본 규정과 틀을 형성하고 적절한 이행과 법률 규정의 위반 여부를 통제하는 중개자의 기능만을 담당한다.[58] 따라서 인터넷 경매 사이트를 통한 미술품 거래에서 계약은 판매인과 구매인 사이에서만 체결되며, 그에 따른 채무불이행책임이나 담보책임도 판매인과 구매자 사이에서만 문제 된다. 즉 경매된 미술품에 하자가 있다고 해도 경매 사이트에게 책임을 물을 수 없다. 경매 사이트는 계약 당사자도 아니고 경매 목적물을 검사할 의무도 부담하지 않기 때문이다. 다만 예외적으로, 경매인이 실제로 경매 목적물의 하자를 알게 되었거나 경매 목적물에 대한 매도인의 설명 내용이 잘못 작성되었다는 사실을 알게 된 경우에도 경매인이 이를 경락인에게 알리지 않는다면 경매 사이트에게 책임이 발생할 수 있다. 이 경우에는 경매인이 중개인의 지위에서 경매 참

57) 〈'온라인 미술 장터' 미술 시장 새바람〉, 《주간한국매거진》, 2009년 6월 23일 기사 참조.

58) 이병준, 〈인터넷 경매에서의 계약 체결〉, 《부산대학교 법학연구》 제43권 제1호, 부산대학교 법학연구소, 2002, 15면.

가자들에게 해당 내용을 알려 줄 의무가 있다고 할 수 있기 때문이다.[59)]

또 인터넷 경매에서는 현실 경매와 달리 경매 사이트가 경매 물건을 직접 관장하는 것도 아니고, 경매 목적물의 존재 여부와 경매 목적물에 대한 정보에 관한 타당성 여부도 확인하지 않는다. 즉 경매 사이트는 판매인이 해당 경매 절차를 진행할 수 있는 기술적인 수단과 양 거래 당사자가 계약을 이행할 수 있는 환경을 제공하고 경매 절차를 감시할 뿐이므로, 원칙적으로 경매 목적물의 성질에 관한 설명이 잘못되었다는 이유로 경매 참가자들이 경매인에게 책임을 물을 수 없다. 즉 판매인이 업로드한 경매 목적물의 설명에 대하여 인터넷 경매 사이트에서 보증책임을 부담하지 않는다는 면책 약관은 유효하다.[60)] 다만, 인터넷 경매 사이트에서 중개인으로서 설명의 내용을 직접 작성한 것으로 표시하였거나 판매인이 한 설명 내용을 보증한 경우에는 예외적으로 인터넷 경매 사이트에게 책임을 물을 수 있을 것이다.[61)]

---

59) 이에 관한 상세한 내용은 이병준, 〈인터넷 경매에서의 경매 당사자와 경매업체의 계약 책임〉, 《외법논집》 제16권, 한국외국어대학교 법학연구소, 2004, 199-211면 참조.

60) 예를 들어 온라인 경매회사 아트폴리의 약관(http://www.artpoli.com/about/member_policy 참조)을 보면 다음과 규정하고 있다. 제5조 책임의 부인: ① 회사는 효율적인 서비스를 위한 시스템 운영 및 관리 책임만을 부담하며, 작품의 거래와 관련하여 구매자 또는 판매자를 대리하지 않습니다, ② 회사는 회사가 제공하는 시스템을 통하여 이루어지는 구매자와 판매자 간의 거래와 관련하여 등록된 작품의 품질, 완전성, 안정성, 적법성 및 타인의 권리에 대한 비침해성, 구매자 또는 판매자가 입력하는 정보 및 그 정보를 통하여 링크된 URL에 게재된 자료의 진실성 또는 적법성 등 일체에 대하여 보증하지 아니하며, 이와 관련한 일체의 위험과 책임은 해당 회원이 전적으로 부담합니다(단, 회사가 직접 제작하여 판매하는 작품의 경우에는 그렇지 아니함).

61) 예를 들어 앞에서 언급한 경매회사 K옥션에서는 인터넷 경매 사이트를 별도로 운영하고 있는데, K옥션의 인터넷 경매 약관 제18조 나항은 "보증 내용은 화면에 굵게 표기된 사항에 대하여만 보증합니다. 즉 화면에 표기된 물품에 대한 굵게 표기된 사항 외의 보조 설명 또는 당사 임직원이 말 또는 글로 표현한 내용에 대하여 보증을 하지 않습니다. 이는 변경될 수 있는 것으로서 하나의 참고 자료일 뿐 보증의 내용은 아닙니다"라고 규정하고 있다(http://www.k-auction.com/KMall/Guide/GuideTerms.aspx 참조).

제2장
미술품과 세금

제1절 미술품과 세금의 관계

미술품과 세금은 왠지 서로 어울리지 않아 보인다. 예술이 돈을 목적으로 하는 것이 아닐진대, 마치 예술을 돈으로 환산하여 이리저리 재단해 보고 예술을 통해 이익이 있다면 세금을 내라는 것이니 말이다. 인류 역사상 예술, 예술가는 특별한 위치를 점해 왔다. 그것이 고대처럼 국가의 통치와 연관이 되었든 아니면 한 나라의 문화적 정서를 표현하고 이를 후대에 물려주는 것이든 일반적인 잣대로 잴 수 없는 무언가 특별함이 있다.

세법의 고민은 바로 여기서 시작된다. 미술품을 일반 공산품이라고 볼 수 없다는 점, 다시 말해 문화예술의 공공재적 성격을 인정하게 되면 일반적인 자산처럼 미술품을 취급할 수는 없다는 점이다. 세법은 두 가지 기능을 가지고 있다. 하나는 세법 고유의 존재 목적, 즉 세수 확보 기능이다. 다른 하나는 특정 부문에 대한 간접적 지원 기능이다. 이 두 기능 간의 균형을 이루는 것은 매우 어려운 일이다. 미술품에 대한 세법의 입장도 마찬가지이다. "소득이 있는 곳에 세금이 있다"라는 세법의 세수 확보 기능을 강조할 것인가 아니면 공공재적 성격을 지닌 미술품에 대한 세법적 지원 기능을 강조할 것인가는 오랜 세월 동안 논란의 대상이 되어 왔다. 특히 미술품을 소장하고 있는 개인이 미술품을 처분하고 얻은 양도소득에 대해 과세를 할 것인가를 두고는 1990년 이래 20년 이상 논란을 거듭해 온 바 있다.

아래에서는 미술품에 대해 우리나라의 현행 세법이 어떤 규정을 두고 있는지를 구체적으로 살펴보고(제2절), 외국의 입법례(제3절)를 알아본 후, 현행 규정의 개선 방안(제4절)을 논의하기로 한다.

제2절 우리나라의 미술품에 대한 과세 현황

미술품과 관련하여 세법상 과세 문제는 크게 세 가지 유형으로 대별된다.

첫째, 미술품 양도에 따라 발생하는 소득에 대해 어떻게 과세할 것인가이다. 이에 대해서는 소득의 주체별로 나누어 현행 과세 제도를 살펴보기로 한다.

둘째, 미술품 거래와 관련한 부가가치세 부과 여부이다. 부가가치세란 재화나 용역이 생산되거나 유통되는 모든 거래 단계에서 생성되는 부가가치를 과세대상으로 하는 소비세의 일종이다.

셋째, 미술품을 증여하거나 상속할 경우의 과세 문제이다. 여기서는 상속 또는 증여 시 미술품의 가치 산정이 주요한 쟁점 사항이 된다.

이하에서는 이러한 과세상 세 가지 쟁점 사항에 대해 차례로 살펴본다.

I. 미술품의 양도소득 과세

미술품의 양도소득에 대한 과세 문제를 살펴보기에 앞서 소득세란 무엇인지에 대한 개략적인 이해가 필요하다. 소득세(Income Tax)는 소득을 과세물건으로 하여 부과하는 조세이다. 소득세는 다시 자연인의 소득에 대해 부과하는 개인소득세(Individual Income Tax)와 법인의 소득에 대해 부과하는 법인소득세(Corporate Income Tax)로 나뉜다. 우리나라의 경우에는 개인소득세를 '소득세', 법인소득세를 '법인세'로 규정하여 과세하고 있는 반면, 미국은 개인소득세와 법인소득세로 규정하여 과세하고 있다.

소득세법은 계속적·반복적으로 발생하는 소득을 구체적으로 열거하고 이에 대해 과세하는 것을 원칙으로 한다.[62] 이때 각 개인의 소득은 일정 기간(과세기간) 합산하여 과세(종합과세)하되, 정책적인 목적 내지 결집 효과(bunching effect)[63]의 완화를 위하여 일부 소

62) 단, 이자소득과 배당소득에 대해서는 열거된 소득과 유사하면 세법에 열거되어 있지 않더라도 과세하는 유형별포괄주의를 채택하고 있다(소득세법 제16조 및 17조 참조).

63) 결집 효과란 누진세율 구조하에서 소득이 실현되는 시점에 다른 소득과 합산하여 과세하게 되면 높은 세율이 적용되어 소득이 매년 나누어 실현되는 경우와 비교할 때 조세 부담 효과가 증가하는 현상을 말한다.

득에 대해서는 분리과세 또는 분류과세한다.

종합과세란 소득의 종류에 관계없이 과세기간별로 모든 소득을 합산하여 과세하는 것으로 현행 소득세법에 의하면 다음과 같은 6가지 소득을 합산하도록 하고 있다. ① 이자소득, ② 배당소득, ③ 사업소득, ④ 근로소득, ⑤ 연금소득, ⑥ 기타소득.

분리과세란 다른 소득과 합산하지 않고 소득을 지급할 때 소득을 지급하는 자가 소득세를 원천징수(withholding)[64]함으로써 과세를 종결하는 것으로, 종합과세를 하는 소득 중 이자소득, 배당소득, 일용근로자의 근로소득, 연금소득 및 기타소득의 일부가 이에 해당한다.

분류과세란 결집 효과를 완화하기 위하여 종합과세하지 않고 소득별로 분류하여 별도로 과세하는 것으로, 현행 소득세법에 의하면 퇴직소득과 양도소득이 이에 해당한다. 퇴직소득과 양도소득은 장기간에 걸쳐 형성된 소득이 퇴직 시점 또는 양도 시점에 한꺼번에 실현되기에 이 시점에 다른 소득과 합산하여 과세하게 되면 높은 세율이 적용되어 소득이 매년 실현되는 경우보다 조세 부담이 과중되므로 이를 완화하기 위해 분류과세를 하는 것이라고 할 수 있다.

일반적으로 분리과세 또는 분류과세되는 것이 종합소득으로 과세되는 것보다 유리하다. 그 이유는 종합소득 과세 시 적용되는 세

64) 원천징수는 다시 예납적 원천징수와 완납적 원천징수로 나뉜다. 예납적 원천징수란 소득을 지급받은 자가 추후 해당 소득을 다른 소득과 합산하여 소득세를 신고·납부하여야 하는 원천징수를 말하며, 완납적 원천징수란 원천징수만으로 납부의무가 종결되는 원천징수를 말한다. 분리과세는 완납적 원천징수에 의하여 납세의무가 종결되는 과세 방법을 말한다.

율이 소득이 클수록 더 높은 세율이 적용되는 누진세율 구조이기 때문이다.

현행 소득세법상 소득의 구분과 과세 방법을 정리해 보면 〈그림1〉과 같다.

〈그림1〉 소득세법상 소득의 구분 및 과세 방법

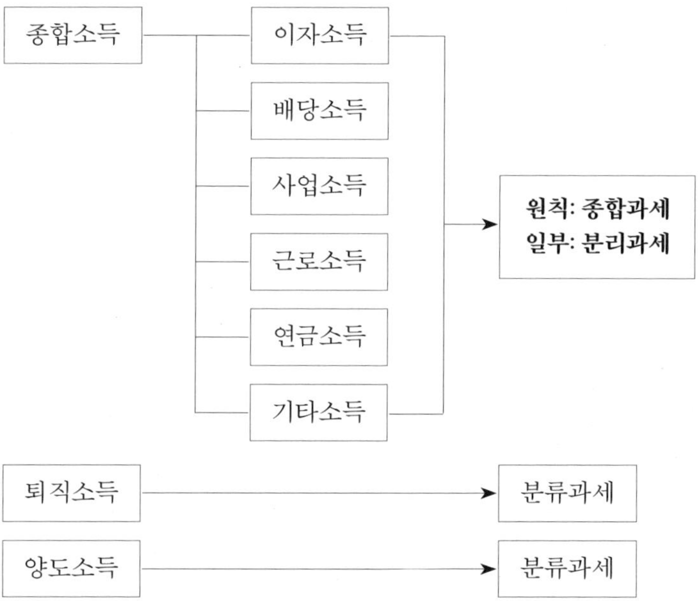

미술품의 양도와 관련하여 발생한 소득을 어떻게 과세할 것인가는 양도의 주체에 따라 세법에서 달리 정하고 있다. 미술품을 양도하는 주체는 ①미술품을 창작한 화가 등 창작자, ②창작자로부터 미술품을 구입하여 매매를 업으로 하는 화랑 등 중개상, 미술품을 구입한 ③개인 소장가, ④법인 소장가 등 4가지로 나눌 수 있다. 각 주체별로 과세되는 유형을 요약하면 〈표1〉과 같으며, 이하에서는 각 주체별 양도소득 및 기타의 과세 문제를 상세히 살펴보기로 한다.

〈표1〉 주체별 과세 유형

구분	거래 유형	과세 유형
화가 등 창작자	창작품 판매	사업소득 (종합소득으로 합산과세)
화랑 등 중개상	소장품 판매	사업소득 (종합소득으로 합산과세)
법인 소장가	소장품 양도	법인세 과세
개인 소장가	**소장품 양도**	**비과세**

1. 화가 등 창작자에 대한 과세 문제

(1) 일시적 창작품의 양도에 대한 과세 문제

미술품을 창작하여 타인에게 판매한 경우 세법상으로는 어떠한 문제가 발생할까? 가령 갑이 취미 활동으로 그린 그림 한 점을 을에게 100만 원을 받고 판매한 경우 갑은 이에 대해 세금을 납부할 의무가 있는 것일까?

소득세는 앞서 설명한 바와 같이 열거주의를 원칙으로 하고 있다. 따라서 이에 대해 세법이 규정하고 있다면 세금을 납부하여야 할 것이나, 아무런 규정이 없다면 세금을 납부하지 않아도 될 것이다.

개인이 일시적인 창작 활동의 대가로서 수령하는 경우에는 소득세법 제21조 제1항 제15호에서 기타소득으로 규정을 하고 있다. 기타소득이란 다른 소득에 속하지 않는 것으로서 소득세법에서 열거한 것을 말하며, 일시적·우발적이라는 특징을 가진다.

따라서 갑의 경우처럼 미술품을 판매하고 받은 금액은 소위 문예창작소득으로 기타소득에 해당하며, 수령액(총수입금액)에서 필요경비를 공제한 금액을 '기타소득금액'으로 하여 소득세를 납부하여야 한다.

기타소득금액 = 총수입금액 – 필요경비

그런데 기타소득은 그 경비를 기록하기 어려운 면이 있는 점을 감안하여 세법에서는 일부 기타소득에 대해 추정필요경비를 인정하며, 문예창작소득은 이에 해당한다. 이때 추정필요경비란 다음 중 큰 금액을 필요경비로 인정하는 것을 말한다.

① 실발생 필요경비 ② 총수입금액의 80%

기타소득에 대해서는 세법에서 원천징수를 하도록 규정하고 있다. 즉 국내에서 거주자 또는 비거주자에게 기타소득을 지급하는 자는 기타소득금액의 20%[65]를 원천징수하여 그 징수일이 속하는 달의 다음 달 10일까지 납부하여야 한다(소득세법 제127조 및 128조).

65) 지방소득세를 포함할 경우 22%가 된다.

원천징수세액
= 기타소득금액(총수입금액 − 추정필요경비) × 20%

따라서 을은 갑에게 100만 원을 전액 지급하는 것이 아니라 원천징수세액을 제한 차액을 지급하게 된다.

갑은 이에 대해 종합과세하는 것이 원칙이나, 기타소득금액이 연 300만 원 이하[66]인 경우로서 원천징수 대상일 경우 분리과세를 선택할 수 있다(소득세법 제14조 3항 7호).[67] 분리과세를 선택하게 되면 원천징수로서 납세의무가 종결된다.

참고 조문

소득세법 제14조〔과세표준의 계산〕

③ 다음 각 호에 따른 소득의 금액은 종합소득과세표준을 계산할 때 합산하지 아니한다(2010. 12. 27, 2011. 7. 14 개정).

7. 제21조제1항제1호부터 제22호까지의 규정에 따른 기타소득으로서 같은 조 제2항에 따른 기타소득금액이 300만 원 이하이면서 제127조에 따라 원천징수된 소득(해당 소득이 있는 거주자가 종합소득 과세표준을 계산할 때 이를 합산하려는 경우는 제외한다. 이하 '분리과세 기타소득'이라 한다). 다만, 제10호의 소득은 제외한다.

66) 필요경비가 총수입금액의 80%라고 한다면 기타소득이 1,500만 원이 되어야 기타소득금액이 300만 원(=1,500만 원−1,500만 원×80%)이 된다.

67) 이를 선택적 분리과세라 한다.

소득세법 제21조〔기타소득〕

① 기타소득은 이자소득·배당소득·사업소득·근로소득·연금소득·퇴직소득 및 양도소득 외의 소득으로서 다음 각 호에서 규정하는 것으로 한다(2009. 12. 31 개정).

15. 문예·학술·미술·음악 또는 사진에 속하는 창작품(신문 등의 자유와 기능보장에 관한 법률에 따른 정기간행물에 게재하는 삽화 및 만화와 우리나라의 창작품 또는 고전을 외국어로 번역하거나 국역하는 것을 포함한다)에 대한 원작자로서 받는 소득으로서 다음 각 목의 어느 하나에 해당하는 것(2009. 12. 31 개정)

가. 원고료(2009. 12. 31 개정)

나. 저작권사용료인 인세(印稅)(2009. 12. 31 개정)

다. 미술 · 음악 또는 사진에 속하는 창작품에 대하여 받는 대가 (2009. 12. 31 개정)

소득세법 제127조〔원천징수의무〕

① 국내에서 거주자나 비거주자에게 다음 각 호의 어느 하나에 해당하는 소득을 지급하는 자(제3호의 소득을 지급하는 자의 경우에는 사업자 등 대통령령으로 정하는 자로 한정한다)는 이 절의 규정에 따라 그 거주자나 비거주자에 대한 소득세를 원천징수하여야 한다(2009. 12. 31, 2010. 12. 27 개정).

6. 기타소득

⑦ 제1항부터 제6항까지의 규정에 따라 원천징수를 하여야 할 자를 '원천징수의무자'라 한다(2010. 12. 27 개정).

소득세법 제128조〔원천징수세액의 납부〕

① 원천징수의무자는 원천징수한 소득세를 그 징수일이 속하는 달의 다음 달 10일까지 대통령령으로 정하는 바에 따라 원천징수 관할 세무서, 한국은행 또는 체신관서에 납부하여야 한다(2010. 12. 27 개정).

(2) 화가 등이 창작품을 판매한 경우 과세 문제

갑이 그림을 그리는 것을 취미 활동이 아닌 업으로 삼은 경우 미술품을 판매하게 되면 세법상 앞의 경우와 어떤 점이 달라질까? 이때도 기타소득으로 과세될 것인가?

국세청에 따르면 자영 예술가인 화가가 미술품의 판매로 인하여 얻은 소득은 소득세법 제19조 제1항 제17호의 규정에 의한 사업소득으로 보아 소득세법 제127조 제1항의 규정에 의해 그 대가를 지급하는 자가 원천징수하여야 한다고 한다.[68)]

여기서 소득세법 제19조 제1항 제17호는 예술, 스포츠 및 여가 관련 서비스업에서 발생하는 소득을 말한다. 따라서 미술품을 판매하는 것이 '업'에 해당한다면 이는 기타소득이 아닌 사업소득으로 과세된다는 것을 의미한다.

그렇다면 사업소득으로 과세되는 것의 핵심요건은 '업', 다른 말로 사업이 무엇인가로 귀결된다. 소득세법에서는 사업이 무엇인지에 대해 정의한 바가 없다. 따라서 사업이란 사회통념에 따라 판단하여야 할 것인데, 영리를 목적으로 자기의 계산과 책임하에 반복적·계속적으로 행하는 활동 정도로 정의할 수 있다. 즉, 사업이 되기 위해서는 자기의 계산과 책임하에 행한다는 독립성·반복성·계속성이 주요 판단 요건이라고 하겠다.

독립성은 자기 계산과 책임이라는 속성으로 인해 상대적으로 쉽

68) 국세청 질의회신 서일46011-10692(2003. 05. 29). 여기서는 자영 예술가인 화가가 미술품의 판매로 인하여 얻는 소득을 소득세법 제19조 1항 15호 사회 및 개인서비스업에서 발생하는 소득으로 보고 있으나, 이후 해당 조문이 개정되어 현행 세법하에서는 제17호 예술, 스포츠 및 여가 관련 서비스업에서 발생하는 소득에 해당한다고 보는 것이 타당할 것이다.

게 판단 가능하며 이로 인해 사업에서 발생한 소득은 고용 관계에 기인하여 발생한 근로소득과 구분된다. 이에 비해 반복성·계속성은 독립성과 달리 판단이 모호하다. 가령 1년에 10번 미술품을 판매하는 것은 반복적·계속적인가? 결국 반복성·계속성의 판단은 주관적일 수밖에 없고 따라서 다툼의 대상이 된다. 판례에 의하면 사업활동으로 볼 수 있을 정도의 계속성과 반복성이 있는지 등은 사회통념에 따라 판단해야 한다고 한다.[69)]

아래에서는 화가의 미술품 판매가 사업소득인지 아니면 기타소득인지에 대해 다투었던 조세심판원 결정례를 하나 살펴보기로 한다.[70)]

주문

심판청구를 기각한다.

이유

1. 처분 개요

가. 청구인은 동양화가로서 ○○○가 청구인의 그림을 ○○○의 정보교환조항에 의거 국세청장에게 통보하였으며, 국세청장은 위 내용을 처분청에 통보하여 확인 및 과세하도록 하였다.

나. 처분청은 2009년 4월 청구인에 대하여 조사한 결과, 청구인이 2004–2008년 기간 동안 135회에 걸쳐 794,931,204원(이하 '쟁점 금액'이라 한다)을 ○○○으로부터 송금받고, 이에 대한 종합소득세를

69) 대법원 1984. 9. 11. 선고 83누66 판결, 대법원 2001. 4. 24. 선고 99두5412 판결.

70) 조세심판원 2010. 6. 23. 2010서0813 결정.

무신고 하였는바, 쟁점 금액을 소득세법 제19조 제1항 제15호 사회 및 개인서비스업의 사업소득으로 판단하여 2004-2007년 귀속 소득금액을 추계결정하고, 2009년 7월 20일, 청구인에게 종합소득세 2004년 귀속 579,640원, 2005년 귀속 971,080원, 2006년 귀속 70,704,920원, 2007년 귀속 97,516,060원을 각각 결정·고지하였다.
다. 청구인은 이에 불복하여 2009년 10월 8일 이의신청을 거쳐 2010년 2월 16일 심판청구를 제기하였다.

2. 청구인 주장 및 처분청 의견

가. 청구인 주장
처분청은 청구인이 독립적인 자격으로 계속적·반복적으로 미술품을 판매하여 소득을 얻은 것으로 보아 소득세법 제19조 제1항 제15호에 규정된 사회 및 개인서비스업의 사업소득으로 판단하여 이 건 처분을 하였으나, 청구인은 미술품 매매업에 종사한 사실도 없고, 소득세법 제21조에 미술 창작품에 대한 대가는 기타소득으로 규정하여 필요경비 80%를 인정하고 있다.
따라서, 처분청은 창작미술품을 장려하려는 세법의 취지를 무시 하고 거래의 횟수나 기간 등 형식에만 의존하여 쟁점 금액을 사업소득으로 보아 과세한 이 건 처분은 부당하다.
나. 처분청 의견
화가인 청구인이 독립된 자격에서 용역을 제공하고 받는 소득이 기타소득에 해당하는지 또는 사업소득에 해당하는지 여부는 당사자 사이에 맺은 거래의 형식·명칭 및 외관에 구애될 것이 아니라, 그 거래의 한쪽 당사자 사이에 맺은 거래의 한쪽 당사자인 당해 납세자의 직업, 활동의 내용, 그 활동 기간, 횟수, 태양, 상대방 등에 비추어 그 활동이 수익을 목적으로 하고 있는지 여부 등 그 실질에 따라 결정되어야 한다. 청구인의 경우 인지도 있는 화가이고, ○○○에서 판매하고 미술품 판매대가로 청구인에게 송금한 횟수가 135회이며, ○○○가 불특정 다수인 상대로 청구인의 미술품에 대하여 카운슬링하면서 미술품을 판매한 점 등에 비추어 볼 때, 청구인의 미술품 판매대금인 쟁점 금액은 사업소득에 해당한다고 보는 것이 타당하다.

3. 심리 및 판단

가. 쟁점

화가의 미술품 판매소득인 쟁점 금액이 사업소득에 해당하는지 여부

나. 관련 법률

○ 소득세법 제19조〔사업소득〕

① 사업소득은 당해연도에 발생한 다음 각 호의 소득으로 한다.

15. 사회 및 개인서비스업에서 발생하는 소득

○ 소득세법 제21조〔기타소득〕

① 기타소득은 이자소득·배당소득·부동산 임대소득·사업소득·근로소득·일시재산소득·연금소득·퇴직소득·양도소득 및 산림소득 외의 소득으로 다음 각 호에 규정하는 것으로 한다.

15. 문예·학술·미술·음악 또는 사진에 속하는 창작품(정기간행물의 등록 등에 관한 법률에 의한 정기간행물에 게재하는 삽화 및 만화와 우리나라의 창작품 또는 고전을 외국어로 번역하거나 국역하는 것을 포함한다)에 대한 원작자로서 받는 소득으로서 다음 각 목의 1에 해당하는 것

가. 원고료

나. 저작권 사용료인 인세

다. 미술·음악 또는 사진에 속하는 창작품에 대하여 받는 대가

다. 사실 관계 및 판단

처분청은 청구인의 미술품 판매수입인 쟁점 금액을 사업소득으로 보아 이 건을 처분하였고, 청구인은 미술 창작에 대한 대가로서 기타소득이라고 주장하고 있으므로 이에 대하여 살펴본다.

(1) 처분청의 2009년 4월 청구인에 대한 현지확인 보고서를 보면, 청구인이 ○○○를 통해 송금받은 내역은 아래 〈표〉와 같이 확인되었는바,

〈표〉 송금받은 내역 및 소득금액 내역(단위:엔,원)

귀속 연도	수입금액		소득금액	추계 방법	송금 횟수
	엔화	원화 환산(원)			
2004	3,560,001	36,995,680	8,509,006	단순경비율	11회
2005	5,105,001	47,122,543	11,493,458	단순경비율	29회
2006	34,200,005	279,380,781	178,435,598	기준경비율	43회
2007	41,300,001	324,693,498	248,390,525	기준경비율	40회
2008	11,321,000	106,738,702	80,374,242	기준경비율	12회
합계	95,486,008	794,931,204	527,202,829		135회

청구인은 2004–2008년 기간 동안 ○○○를 통해 청구인의 미술품을 판매하고 135회에 걸쳐 쟁점 금액을 송금받았고, 처분청은 청구인이 종합소득세를 무신고 및 세금계산서 수수와 자료 제출이 없어 필요경비를 확인할 수 없으므로 2004년과 2005년은 단순경비율, 2006-2007년은 기준경비율에 의한 소득금액을 추계결정하여 이 건을 처분한 것으로 나타난다.

(2) 청구인의 그동안 소득 자료를 국세통합전산망으로 조회한 자료에 의하면, 청구인은 2000년 이전부터 소득 발생이 없는 것으로 확인된다.

(3) 청구인은 쟁점 금액이 미술 창작품에 대한 대가이므로 기타소득에 해당한다고 주장하나, 개인의 소득이 사업소득에 해당하는지 또는 일시적인 기타소득에 해당하는지 여부는 당사자 사이에 맺은 거래의 형식·명칭 및 외관에 구애될 것이 아니라 그 실질에 따라 평가한 다음, 그 거래의 한쪽 당사자인 당해 납세자의 직업 활동의 내용, 그 활동 기간, 횟수, 태양, 상대방 등에 비추어 그 활동이 수익을 목적으로 하고 있는지 여부와 사업 활동으로 볼 수 있을 정도의 계속성과 반복성이 있는지 여부 등을 고려하여 사회통념에 따라 판단하여야 할 것이다(○○○).

(4) 위의 내용을 종합하면, 청구인의 미술품 판매소득이 미술 창작에 대한 대가에 해당한다고 하더라도, **그 규모, 계속성 및 반복성 등을 감안하여 사업성이 인정되는 경우에는 먼저 사업소득으로 과세**하고 **사업성이 없는 경우에만 기타소득으로 과세**하여야 할 것인바, 청구인은 그동안 다른 업종에 종사한 사실이 없는 전문화가이고, 2004-2008년 기간 동안 청구인의 미술품을 ○○○를 통해 ○○○에서 판매하고 135회에 걸쳐 쟁점 금액을 송금받은 양태 등에 비추어 볼 때, 쟁점 금액은 사업소득에 해당한다고 봄이 타당하다고 할 것이므로 처분청의 이 건 처분에는 잘못이 없는 것으로 판단된다.

4. 결론

이 건 심판청구는 심리 결과 청구 주장이 이유 없으므로 국세기본법 제81조 및 제65조 제1항 제2호의 규정에 의하여 주문과 같이 결정한다.

결론적으로 화가의 창작품인 미술품의 판매에 따른 소득은 사업성이 인정되는 경우에는 먼저 사업소득으로 과세하고, 사업성이 없는 경우에만 기타소득으로 과세되는 것이다.

사업소득은 원천징수의 대상이 아니므로 총수입금액에서 필요경비를 공제하여 산출한 사업소득금액 전액을 종합소득에 합산하여 확정신고하는 것이 원칙이다.[71] 다만, 일부의 사업소득은 예외적으로 원천징수의 대상이 되고 인적 용역도 그중의 하나이다. 따라서 화가가 미술품을 판매한 경우 그 미술품을 구입한 자가 대가를 지

71) 사업소득 중 일부소득은 원천징수되는 경우가 있으나 분리과세되는 사업소득은 없다.

급할 때 원천징수 의무[72]가 발생한다.[73] 이때의 원천징수는 완납적 원천징수가 아니라 예납적 원천징수에 해당하므로 화가는 반드시 종합과세 확정신고를 통하여 정산하여야 한다.

사업소득은 권리의무 확정주의에 따라 수입 시기를 결정한다. 구체적으로는 화가의 소득은 예술, 스포츠 및 여가 관련 서비스업에서 발생하는 소득이므로 소득세법시행령 제48조 8호에 의해 용역대가를 지급받기로 한 날 또는 용역의 제공을 완료한 날 중 빠른 날이 사업소득의 수입 시기가 된다.

참고 조문

소득세법 제19조〔사업소득〕

① 사업소득은 해당 과세기간에 발생한 다음 각 호의 소득으로 한다.

1. 농업(작물재배업은 제외한다. 이하 같다)·임업 및 어업에서 발생하는 소득
2. 광업에서 발생하는 소득
3. 제조업에서 발생하는 소득
4. 전기, 가스, 증기 및 수도사업에서 발생하는 소득
5. 하수·폐기물처리, 원료재생 및 환경복원업에서 발생하는 소득
6. 건설업에서 발생하는 소득
7. 도매 및 소매업에서 발생하는 소득
8. 운수업에서 발생하는 소득

72) 수입금액의 3%를 원천징수한다.

73) 국세청 질의회신 재소득22601-269(1991. 03. 02).

9. 숙박 및 음식점업에서 발생하는 소득

10. 출판, 영상, 방송통신 및 정보서비스업에서 발생하는 소득

11. 금융 및 보험업에서 발생하는 소득

12. 부동산업 및 임대업에서 발생하는 소득. 다만, 지역권 등 대통령령으로 정하는 권리를 대여함으로써 발생하는 소득은 제외한다.

13. 전문, 과학 및 기술서비스업(대통령령으로 정하는 연구개발업은 제외한다. 이하 같다)에서 발생하는 소득

14. 사업시설관리 및 사업지원서비스업에서 발생하는 소득

15. 교육서비스업(대통령령으로 정하는 교육기관은 제외한다. 이하 같다)에서 발생하는 소득

16. 보건업 및 사회복지서비스업(대통령령으로 정하는 사회복지사업은 제외한다. 이하 같다)에서 발생하는 소득

17. **예술, 스포츠 및 여가 관련 서비스업에서 발생하는 소득**

18. 협회 및 단체(대통령령으로 정하는 협회 및 단체는 제외한다. 이하 같다), 수리 및 기타 개인서비스업에서 발생하는 소득

19. 가구 내 고용 활동에서 발생하는 소득

20. 제1호부터 제19호까지의 규정에 따른 소득과 유사한 소득으로서 영리를 목적으로 자기의 계산과 책임하에 계속적·반복적으로 행하는 활동을 통하여 얻는 소득

② 사업소득금액은 해당 과세기간의 총수입금액에서 이에 사용된 필요경비를 공제한 금액으로 하며, 필요경비가 총수입금액을 초과하는 경우 그 초과하는 금액을 '결손금'이라 한다.

③ 제1항 각 호에 따른 사업의 범위에 관하여는 이 법에 특별한 규정이 있는 경우 외에는 통계법 제22조에 따라 통계청장이 고시하는 한국표준산업분류에 따르고, 그 밖의 사업소득의 범위에 관하여 필요한 사항은 대통령령으로 정한다.

2. 화랑 등 판매상(dealer)에 대한 과세 문제

(1) 미술품을 화가로부터 구입할 때

소득세법 제127조 제1항 3호에 의하면 대통령령이 정하는 사업소득에 대한 수입금액은 해당 수입금액을 지급하는 자가 소득세를 원천징수하여야 한다. 이때 '대통령령이 정하는 사업소득'이란 부가가치세법 제12조 제1항 13호에서 규정하는 용역의 공급에서 발생하는 소득을 말하며, 이는 저술가, 작곡가 등이 직업상 제공하는 인적용역을 의미한다. 따라서 화랑을 운영하는 사업자가 판매 및 전시용 미술품을 작가로부터 매입 시 그 대가를 지급할 때 수입금액의 3%를 원천징수해야 한다.[74)]

(2) 미술품을 판매할 때

미술품을 매매하는 화랑 등이 얻은 소득은 소득세법 제19조 1항 7호 규정에 의한 사업소득으로 본다.[75)] 미술품을 매매하는 화랑은 독립적, 반복적, 계속적으로 영리활동을 행하고 있는 것이므로 사업에 해당하고, 이로 인해 발생하는 소득을 소득세법에서 사업소득으로 규정하고 있기에 소득세 과세대상이 된다.

---

74) 국세청 질의회신 서면인터넷방문상담1팀-469(2004.03.26).
75) 국세청 질의회신 소득46011-827(2000.10.13).

3. 소장자에 대한 과세 문제

(1) 법인이 소장자인 경우

법인은 소득에 대해 법인세를 납부한다. 법인이 소장자인 경우의 과세 문제를 논하기에 앞서 간략히 법인세 구조를 살펴보기로 한다.

법인세란 법인을 납세의무자로 하고 법인의 소득을 과세대상으로 하는 국세이다. 법인세의 특징은 납세자와 담세자가 동일한 직접세(direct tax)이며, 2단계 초과누진세율 구조로 되어 있는 누진세라는 점이다. 법인세의 과세대상소득은 각 사업연도의 소득이다.[76] 각 사업연도의 소득은 그 사업연도에 속하는 익금총액에서 손금총액을 공제한 금액으로 한다(법인세법 제14조 1항). 법인세법상 법인의 소득을 사업연도[77] 단위로 과세하기에 각 사업연도의 소득이라고 칭한다. 각 사업연도의 소득은 기업회계상 당기순이익에 대응되는 것이라고 볼 수 있으며, 익금은 수익, 손금은 비용으로 이해해도 무방하다. 각 사업연도의 소득에서 이월결손금, 비과세소득, 소득공제를 제하고 나면 과세표준이 산출된다. 법인세액의 산출 구조를 요약하면 〈그림2〉와 같다.

---

76) 청산소득과 토지 등 양도소득도 있으나, 이는 해산으로 인하여 소멸하는 때에 일회성으로 발생(청산소득)하거나 투기지역 안의 주택 및 비사업용 토지의 양도로 인하여 발생하는 소득(토지 등 양도소득)이다.

77) 법인세 과세기간을 사업연도라 하며, 이는 법령이나 법인의 정관 등에서 정하는 1 회계기간을 말한다(법인세법 제6조 1항). 다만, 법인이 정관 등에 사업연도를 길게 정함으로써 법인세 납부를 지연시키는 것을 막기 위해 법인세법상으로는 사업연도의 기간은 1년을 초과하지 못하도록 하고 있다(법인세법 제6조 1항 단서).

〈그림2〉 법인세 산출 구조

익금총액
(−) 손금총액
(=) 각 사업연도의 소득금액
(−) 이월결손금
(−) 비과세소득
(−) 소득공제
(=) 과세표준
(×) 세율
(=) 산출세액

이월결손금이란 결손금이 이전 사업연도에서 발생하여 이월되어 온 금액으로서 이후 사업연도의 소득금액계산상 손금에 산입하지 아니하거나 과세표준계산상 공제하지 아니한 금액을 말하며, 각 사업연도 개시일 전 10년[78] 이내에 개시한 사업연도에서 발생한 결손금이 대상이다.

비과세소득이란 조세정책상의 목적에 의하여 법인세 과세표준 계산 시 제외시키는 소득을 말하며, 공익신탁의 신탁재산에서 생기는 소득이 이에 해당한다(법인세법 제51조).

소득공제란 과세표준 산정 시 각 사업연도에서 차감하는 항목으로 이월공제가 인정되지 않기 때문에 이월결손금과 비과세소득이 각 사업연도 소득금액을 초과하지 않을 경우에만 유효하다. 법인세법상 유동화전문회사 등에 대한 소득공제와 조세특례제한법상 자기관리부동산투자회사에 대한 소득공제 등이 있다.

78) 2008년 12월 31일 이전에 개시한 사업연도의 결손금은 개정 전 규정에 따라 5년간 이월공제한다.

법인의 각 사업연도의 소득에 대한 법인세는 과세표준에 세율을 곱하여 산출하는데 과세표준이 2억 원 이하인지 아니면 초과인지에 따라 〈표2〉와 같이 산출된다.

〈표2〉 법인세율

과세표준	산출세액
2억 원 이하	과세표준 × 10%
2억 원 초과	2천만 원 + (과세표준 – 2억 원) × 20%[79]

법인세는 납세지 관할 사무소에 신고·납부 등을 하면 되며, 법인세 납세지는 그 법인의 등기부에 따른 본점이나 주사무소의 소재지(국내에 본점 또는 주사무소가 있지 아니하는 경우에는 사업을 실질적으로 관리하는 장소의 소재지)로 한다.

1) 취득 시의 과세 문제

법인이 미술품을 취득하는 경우 과세상의 쟁점은 미술품 구입금액을 손금으로 인정받을 수 있는 가이다.

이와 관련하여 법인세법 제27조 1호에 의하면 당해 법인의 업무와 직접 관련이 없다고 인정되는 자산으로서 대통령령이 정하는 자산을 취득·관리함으로써 생기는 비용 등 대통령령이 정하는 금액은 손금에 산입할 수 없다고 규정하고 있다. 이때 '대통령령이 정하는 자산'에 대해 법인세법시행령 제49조에서 규정하고 있는바, 동

---

79) 2012년 1월 1일 이후 개시하는 사업연도부터 적용한다. 2011년 12월 31일까지의 기간 중에 개시하는 사업연도에는 22%가 적용된다.

조 제1항 2호 가목의 서화 및 골동품, 다목의 이와 유사한 자산으로서 당해 법인의 업무에 직접 사용하지 아니하는 자산이 이에 해당한다. 따라서 법인이 미술품을 구입한 경우에는 비업무용 자산에 해당하여 취득금액을 손금에 산입할 수 없다. 가령, 섬유제조업을 영위하는 법인이 업무와 관련 없이 수집하여 별도의 전시 공간을 마련하고 전시 중인 미술품은 금액규모에 관계없이 법인세법시행령 제49조 1항 2호 가목에 의해 비업무용 동산에 해당하고 따라서 그 취득금액을 손금에 산입할 수 없다.[80] 다만, 법인세법시행령 제49조 1항 2호 가목 단서에 의하면 장식·환경미화 등의 목적으로 사무실·복도 등 여러 사람이 볼 수 있는 공간에 상시 비치하는 것은 비업무용 자산에서 제외되고, 법인세법 시행령 제19조 17호에 의해 그 취득가액이 거래단위별로 3백만 원 이하인 것은 손금에 산입할 수 있다.[81] 이때 해당 미술품이 장식·환경미화 등의 목적으로 사무실·복도 등 여러 사람이 볼 수 있는 공간에 상시 비치하는 것에 해당하는지는 실질 내용에 따라 사실 판단할 사항이다.[82]

한편, 미술품을 업무와 관련이 있는 사업용 고정자산으로 보아 감

---

80) 국세청 질의회신 법인46012-2273(1994. 08. 09).

81) 그렇다면 거래단위별로 300 원이 초과하는 경우는 그 취득금액을 손금에 산입할 수 없으므로 비업무용 자산인지 아닌지 여부가 무의미할까? 그렇지 않다. 비업무용 자산으로 판단되면 관련 차입금 지급이자를 손금불산입해야 하는 문제가 발생한다.

82) 국세청 질의회신 법인46012-792(1998. 04. 01). 여객 및 화물터미널 사업을 영위하는 법인이 터미널 부속 토지 내에 이용객 및 일반 시민에게 휴식 공간을 제공할 목적으로 마련한 조각공원 내에 설치한 조각품이 장식·환경미화 등에 사용되는 것으로서 사회통념상 업무와 관련 있다고 인정되는 범위 내의 것인 경우에는 법인세법시행규칙 제18조 제1항 제1호 단서(현재: 법인세법시행령 제49조제1항제2호가목)의 규정에 해당되는 것이나, 이에 해당하는지 실질 내용에 따라 사실 판단할 사항임.

가상각을 할 수 있는지를 살펴보면, 일반적으로는 업무와 무관하기에 사업용 고정자산으로 볼 수 없는 경우가 대부분이고 따라서 감가상각대상 자산에 해당하지 아니한다. 드물게 사업용 고정자산으로 보는 경우가 있을 수 있으나, 미술품의 경우에는 예술적 창작작품으로 시간의 경과에 따라 감가가 이루어지는 것으로 볼 수 없기에 역시 감가상각자산으로 볼 수는 없다. 가령, 콘도사업영위법인이 로비 및 객실 등에 장식용으로 다량으로 보유하는 회화는 사업용 고정자산에 해당하나 그 회화가 시간의 경과에 따라 감가되지 아니하는 경우에는 감가상각자산으로 볼 수 없다는 것이 국세청의 입장이다.[83]

참고 조문

법인세법 제27조〔업무와 관련 없는 비용의 손금불산입〕

• 내국법인이 각 사업연도에 지출한 비용 중 다음 각 호의 금액은 당해 사업연도의 소득금액계산에 있어서 이를 손금에 산입하지 아니한다.

1. 당해 법인의 업무와 직접 관련이 없다고 인정되는 자산으로서 대통령령이 정하는 자산을 취득·관리함으로써 생기는 비용 등 대통령령이 정하는 금액(1998. 12. 28 개정)
2. 제1호 외에 그 법인의 업무와 직접 관련이 없다고 인정되는 지출금액으로서 대통령령이 정하는 것(1998. 12. 28 개정)

---

83) 국세청 질의회신 법인세과-1136(2009. 10. 15), 국세청 질의회신 법인22601-1633(1991. 08. 26).

법인세법시행령 제49조〔업무와 관련이 없는 자산의 범위 등〕

① 법 제27조 제1호에서 '대통령령이 정하는 자산'이라 함은 다음 각 호의 자산을 말한다(1998. 12. 31 개정).

1. 다음 각 목의 1에 해당하는 부동산. 다만, 법령에 의하여 사용이 금지되거나 제한된 부동산, 자산유동화에 관한 법률에 의한 유동화전문회사가 동법 제3조의 규정에 의하여 등록한 자산유동화계획에 따라 양도하는 부동산 등 재정경제부령이 정하는 부득이한 사유가 있는 부동산을 제외한다.

가. 법인의 업무에 직접 사용하지 아니하는 부동산. 다만, 재정경제부령이 정하는 기간(이하 이 조에서 '유예기간'이라 한다)이 경과하기 전까지의 기간 중에 있는 부동산을 제외한다(2000. 12. 29 개정).

나. 유예기간 중에 당해 법인의 업무에 직접 사용하지 아니하고 양도하는 부동산. 다만, 재정경제부령이 정하는 부동산매매업을 주업으로 영위하는 법인의 경우를 제외한다(1998. 12. 31 개정).

2. 다음 각 목의 1에 해당하는 동산(1998. 12. 31 개정)

가. 서화 및 골동품. 다만, 장식·환경미화 등의 목적으로 사무실·복도 등 여러 사람이 볼 수 있는 공간에 상시 비치하는 것을 제외한다.

나. 업무에 직접 사용하지 아니하는 자동차·선박 및 항공기. 다만, 저당권의 실행 기타 채권을 변제받기 위하여 취득한 선박으로서 3년이 경과되지 아니한 선박 등 재정경제부령이 정하는 부득이한 사유가 있는 자동차·선박 및 항공기를 제외한다(1999. 12. 31 단서 신설).

다. 기타 가목 및 나목의 자산과 유사한 자산으로서 당해 법인의 업무에 직접 사용하지 아니하는 자산(1998. 12. 31 개정)

2) 양도 시의 과세 문제

법인이 소장하고 있던 미술품을 양도하는 경우 양도차익에 대해 법인세가 부과된다.

법인세법 제15조 1항에 의하면 해당 법인의 순자산을 증가시키는 거래로 인하여 발생하는 수익을 익금으로 정의하고, 법인세법시행령 제11조에서 익금의 범위를 구체적으로 열거하면서 자산의 양도금액을 그 하나로 규정하고 있다.[84] 따라서 미술품을 양도한 경우 양도가액 전부가 익금에 산입된다. 하지만 이렇게 되면 미술품의 양도에 따른 양도차익만 과세되는 것이 아니라 양도가액 전부가 과세되므로, 법인세법시행령 제19조 2호에서 양도한 자산의 양도 당시의 장부가액을 손금으로 산입하도록 하고 있으므로 미술품의 취득원가를 손금에 산입함으로써 결과적으로 양도차익이 과세되는 과세 구조를 가지고 있다.

(2) 개인이 소장자인 경우

1) 개인 소장자의 미술품 양도소득에 대한 과세 논란

비사업자인 개인이 소장미술품을 양도하고 얻은 소득에 대해서는 오랫동안 과세 여부를 놓고 정부와 미술계 간에 치열한 논쟁이 있어 왔다.

개인의 미술품 양도소득에 대해 과세해야 한다는 입장은 조세형평성 내지 보편주의와 소득 있는 곳에 과세 있다는 관점에 기반을

---

84) 법인세법시행령 제11조에서 규정하고 있는 익금은 예시적인 열거사항에 불과하며, 순자산을 증가시키는 거래로 인하여 발생하는 수익의 금액은 모두 익금에 해당한다. 이를 순자산증가설의 입장에 있다고 말한다.

두고 있다. 이에 대해 과세를 반대하는 입장[85]은 미술 시장에 미칠 악영향을 우려하는 게 주된 이유다. 즉, 미술협회 및 화랑협회 등 미술 관련 단체들은 우리나라의 미술 시장 규모가 해외 선진 국가들에 비해 작고[86] 따라서 미술 시장의 적극적인 부양책 강구가 요구되는 상황에서 오히려 개인 소장가의 미술품 양도에 따른 소득에 대해 과세를 하게 된다면 미술 시장의 침체를 가져올 것이기에 양도세 부과는 시기상조라는 입장이다. 더구나 주식의 경우에도 주식 시장의 안정과 성장을 위해 거래소 및 코스닥에서 거래되는 주식에 대해서는(대주주 거래 제외) 양도소득세를 부과하지 않는 점과 비교할 때 미술품 양도세 부과는 오히려 형평을 저해한다고 주장한다. 또한 거래실명제가 선행되지 않아 과세 부과가 곤란하여, 공개 경매 시장의 거래 부분에 대해서만 과세가 가능할 것이고 이 경우 양도세 수익은 29억 2천만 원[87]에 불과하고, 과세 가능 거래 작품 수는 전체 미술품 거래량의 3% 정도에 불과하여 세금 부과의 실효성도 극히 미흡하다고 한다. 따라서 미술 관련 단체들은 미술작품에 대한 양도세 부과는 미술작품의 음성 거래 및 해외 반출을 심화시켜 미술 시장의 불황을 가속화시킬 것이라고 우려하고 양도세 부과는 시기상조로 선진국과 같이 미술 유통 부분의 선진화된 시스템

85) 이하의 과세가 부당하다는 논거는 문화관광부 자료를 요약 정리한 것이다.

86) 우리나라의 미술 시장 규모가 경기 불황으로 2008년 4,560억 원에서 2009년에는 3,500억 원으로 축소되었다. 해외 미술경매의 두 축인 크리스티와 소더비는 2010년 상반기에만 각각 약 3조 원과 2조 5천 억 원의 매출을 올렸음에 반해 우리나라는 서울옥션과 K옥션을 합쳐도 375억 원에 불과하다. 또한 2009년 미술품 경매 총액은 702억 원에 불과했다.

87) 양도세 수익산출(2008년 기준): 〔732억 원(6천만 원 이상, 경매 시장 1,332억 원의 55%) − 586억 원(의제 필요경비 80%)〕 × 20%(원천징수세율) = 29.2억 원(양도세).

이 정착된 이후에 부과하는 것이 타당하다는 입장이다.

2) 과세 규정의 변천 과정

비사업자인 개인이 소장 미술품을 양도하고 얻은 차익에 대해서는 서화·골동품에 대한 투기 근절 차원에서 1990년 12월 양도소득세 부과가 처음 입법화되었으나, 미술계의 반대로 5차례 유보되다가 2003년 12월 30일 관련 근거 조문[88]을 삭제한 바 있다. 이후 기획재정부가 2008년 일자리 창출을 위한 경제 재도약 세제안을 발표하면서 서화·골동품에 대한 양도세 부과 재입안을 추진하였다. 이에 따라 소득세법안이 2008년 10월에 국회에 제출되고, 2008년 12월 26일 국회 통과 및 공포, 2009년 2월 4일 소득세법 시행령 개정안 공포 등이 진행되었으며, 2011년 1월1일부터 시행될 예정이었다. 그러나 작가의 창작 활동을 위축시킬 우려가 있다는 이유와 함께 외국에 비해 비활성화된 미술품 매매 시장의 진작 등을 내세우며 시기상조론과 함께 2013년 1월 1일 이후 양도분부터 적용하는 것으로 다시 과세가 연기되었다(소득세법 부칙 제9897호, 〈표3〉).

---

88) 소득세법 제12조〔비과세소득〕 제4호의 2

4의2. 일시재산소득 중 다음 각 목의 1에 해당하는 소득

가. 문화재보호법에 의하여 국가지정문화재로 지정된 서화·골동품의 양도로 인하여 발생하는 소득

나. 서화·골동품을 대통령령이 정하는 박물관 또는 미술관에 양도함으로 인하여 발생하는 소득

소득세법 제20조의 2〔일시재산소득〕 제1항 1호 신설로 일시재산소득으로 하여 종합과세하는 것으로 하다가 계속 유예 후 2003.12.30에 동 호를 삭제

〈표3〉 미술품 양도에 따른 소득에 대한 과세 규정 연혁

소득세법 개정일	내역	시행일
1990. 12. 31	**양도소득**으로 과세	1993. 1. 1
1992. 12. 8	시행일 연기	1996. 3. 1
1995. 12. 29	**일시재산소득**으로 종합과세	1998. 1. 1
1997. 12. 13	시행일 연기	2001. 1. 1
2000. 12. 29	시행일 연기	2004. 1. 1
2003. 12. 30	**일시재산소득**으로 종합과세하는 관련 조문 삭제	
2009. 12. 31	**기타소득**으로 분리과세	2011. 1. 1
2010. 12. 27	시행일 연기	2013. 1. 1

이하에서는 먼저 미술품 양도에 따른 소득에 대한 과세 규정의 변천 과정을 상세히 살펴보기로 한다.

❶ 1990. 12. 31 개정: 양도소득으로 과세 규정 신설

땀흘려 일하여 얻은 근로소득에 대하여는 세 부담을 경감하고 부동산 양도소득 등의 자산소득에 대하여는 과세를 강화함으로써 소득 종류 간 세 부담의 형평성을 기하려는 의도로 1990년 12월 31일에 개정된 소득세법에서는 고가의 서화, 골동품을 양도소득세의 과세대상자산에 추가하였다. 이에 따르면 개당 또는 점당 가액이 2천만 원 이상인 서화·골동품 등의 양도로 인하여 발생하는 소득에 대해 1993년 1월 1일부터 양도소득세를 과세하도록 하였다.

참고 조문

구 소득세법 제23조〔양도소득〕

① 양도소득은 당해 연도에 발생한 다음 각 호의 소득으로 한다(1990. 12. 31 개정).

1. 토지 또는 건물의 양도로 인하여 발생하는 소득
2. 대통령령이 정하는 부동산에 관한 권리의 양도로 인하여 발생하는 소득
3. **대통령령이 정하는 서화 · 골동품 등(이하 '서화 등'이라 한다)의 양도로 인하여 발생하는 소득(시행일 1993. 1. 1)**
4. 한국증권거래소에 상장되지 아니한 주식 또는 출자대분으로서 대통령령이 정하는 것의 양도로 인하여 발생하는 소득
5. 제1호 내지 제4호 외에 대통령령이 정하는 자산(이하 '기타 자산'이라 한다)의 양도로 인하여 발생하는 소득

소득세법 시행령 제44조 제5항

⑤ 법 제23조 제1항 제3호에서 '서화 등'이라 함은 다음 각 호의 1에 해당하는 자산으로서 개당 또는 점당 가액이 2천만 원 이상인 것을 말한다(1990. 12. 31 신설).

1. 관세법 관세율표 중 제9701호·제9702호·제9703호 또는 제9706호의 자산
2. 제1호의 자산 외에 역사상·예술상 가치가 있는 자산으로서 재무부장관이 문화부장관과 협의하여 재무부령으로 정하는 것

❷ 1992. 12. 8 개정: 양도소득 과세를 3년 추가 유예

서화·골동품 등의 양도로 인하여 발생하는 소득에 대한 과세를 1993년 1월 1일부터 시행할 예정이었으나, 미술계의 반발로 다시 3년간 유예하여 그 과세 시기를 1993년 1월 1일 이후에서 1996년 1월 1일 이후로 연기하였다(부칙에서 규정).

❸ 1995. 12. 29 개정: 일시재산소득으로 종합소득 과세

이자·배당·부동산임대·사업·노동·기타소득의 6가지로 되어 있는 종합소득에 소득세법 제20조의 2 일시재산소득을 신설하여, 제1항 1호에서 거주자가 서화·골동품 등을 양도하고 얻은 이익을 이에 포함시켜 종합소득세를 과세하도록 하되, 1998년 이후 양도분부터 과세하도록 하였다.

동시에 소득세법 제12조 4호의 2를 신설하여 문화재보호법에 의하여 국가지정문화재로 지정된 서화·골동품의 양도로 인하여 발생하는 소득과 서화·골동품을 대통령령이 정하는 박물관 또는 미술관에 양도함으로 인하여 발생하는 소득에 대해서는 비과세소득으로 규정하였다.

다만, 이러한 서화·골동품의 양도에 따른 과세는 1998년 1월 1일부터 과세하도록 2년간 유예를 두었다.

이처럼 서화·골동품의 양도에 따른 소득을 일시재산소득으로 보아 종합소득세를 과세하게 되면 9-36%의 누진세율이 적용되게 된다는 점이 과거 양도소득으로 과세하는 것과 차이를 나타낸다.

참고 조문

구 소득세법 제20조 의2〔일시재산소득〕

① 일시재산소득은 당해 연도에 발생한 다음 각 호의 소득으로 한다.

1. **대통령령이 정하는 서화 · 골동품의 양도로 인하여 발생하는 소득**
2. 광업권·어업권·산업재산권·산업정보, 산업상 비밀, 상표권·영업권(대통령령이 정하는 점포임차권을 포함한다), 토사석의 채취허가에 따른 권리, 지하수의 개발·이용권 기타 이와 유사한 자산이나 권리의 양도로 인하여 발생하는 소득

② 일시재산소득금액은 당해 연도의 총수입금액에서 이에 소요된 필요경비를 공제한 금액으로 한다.

③ 일시재산소득의 범위는 대통령령으로 정한다.

구 소득세법 제12조〔비과세소득〕

4의2. 일시재산소득 중 다음 각 목의 1에 해당하는 소득

가. 문화재보호법에 의하여 국가지정문화재로 지정된 서화·골동품의 양도로 인하여 발생하는 소득

나. 서화·골동품을 대통령령이 정하는 박물관 또는 미술관에 양도함으로 인하여 발생하는 소득

❹ 1997. 12. 13 개정: 3년 추가 유예(2001.1.1부터 과세)

개인 소장가의 서화·골동품의 양도로 인하여 발생하는 소득에 대하여 1998년 1월 1일부터 일시재산소득으로 종합과세 하도록 되어 있었으나, 세원 포착을 위한 서화·골동품의 유통 제도가 정비될 때까지 3년간 과세를 유예하여 2001년 1월 1일부터 과세하도록 하였다(법률 제5031호 소득세법 중 개정법률 부칙 제1조).

❺ 2000. 12. 29 개정: 3년 추가 유예(2004.1.1부터 과세)

부칙 제5031호 제1조를 개정하여 2004년 1월 1일부터 과세하도록 하였다.

❻ 2003. 12. 30 개정: 일시재산소득 과세조항을 삭제

소득세법 제20조의 2〔일시재산소득〕 제1항 1호와 소득세법 제12조〔비과세소득〕 4호의 2를 삭제함으로써 서화·골동품의 양도에 따른 소득에 대해 과세하려던 당초 의도는 철회되었다.

❼ 2008. 12. 26 개정: 기타소득으로 과세(분리과세)

다른 소득과의 형평성을 위하여 서화·골동품의 양도차익에 대하여도 기타소득으로 과세(소득세법 제12조 제5호 바목·사목, 제14조 제3항 제5호의2 및 제21조 제1항 제25호 신설)하도록 하였다. 서화·골동품의 양도차익에 대하여 기타소득으로 분리 과세하되, 문화재보호법에 따라 국가지정문화재로 지정된 서화·골동품의 양도로 발생하는 소득 및 서화·골동품을 박물관 또는 미술관에 양도함으로써 발생하는 소득에 대하여는 소득세를 과세하지 아니한다.

1990년에 처음으로 서화·골동품의 양도로 발생하는 소득에 대한 과세를 입법한 이래 계속 유예를 거듭하다 결국 시행을 하지 못한 채 2003년 과세 근거 규정을 삭제했던 정부는 다시 2008년도 개정을 통하여 과세대상으로 삼고 조세 정의를 실현하고 소득 종류 간 과세 형평성을 높일 수 있다는 점을 그 이유로 들었다.

참고 조문

소득세법 제12조〔비과세소득〕

• 다음 각 호의 소득에 대하여는 소득세를 과세하지 아니한다.

5. 기타소득 중 다음 각 목의 어느 하나에 해당하는 소득

〔…〕

바. 문화재보호법에 따라 국가지정문화재로 지정된 서화·골동품의 양도로 발생하는 소득

사. 서화·골동품을 박물관 또는 미술관에 양도함으로써 발생하는 소득

소득세법 제14조〔과세표준의 계산〕

① 거주자의 종합소득 및 퇴직소득에 대한 과세표준은 각각 구분하여 계산한다(2006. 12. 30 개정).

② 종합소득에 대한 과세표준(이하 '종합소득과세표준'이라 한다)은 제16조부터 제47조의2까지의 규정에 따라 계산한 이자소득금액·배당소득금액·부동산임대소득금액·사업소득금액·근로소득금액·연금소득금액과 기타소득금액의 합계액에서 종합소득공제를 한 금액으로 한다(1995. 12. 29, 2000. 12. 29, 2006. 12. 30, 2007. 12. 31 개정).

③ 다음 각 호의 소득금액은 제2항의 종합소득과세표준의 계산에 있어서 이를 합산하지 아니한다(1998. 12. 28, 1999. 12. 28, 2000. 12. 29, 2001. 12. 31, 2002. 12. 18, 2003. 12. 30, 2004. 12. 31, 2005. 5. 31, 2006. 12. 30, 2007. 12. 31, 2008. 12. 26 개정).

1. 조세특례제한법 또는 제12조의 규정에 의하여 과세되지 아니하는 비과세소득의 소득금액

5의2. 제21조 제1항 제25호에 따른 기타소득금액

소득세법 제21조〔기타소득〕 제1항 25호

25. 대통령령으로 정하는 서화·골동품의 양도로 발생하는 소득

소득세법 시행령 제41조〔기타소득의 범위 등〕 제12항

⑫ 법 제21조 제1항 제25호에서 '대통령령으로 정하는 서화·골동품'이란 다음 각 호의 어느 하나에 해당하는 것으로서 개당·점당 또는 조(2개 이상이 함께 사용되는 물품으로서 통상 짝을 이루어 거래되는 것을 말한다)당 양도가액이 6천만 원 이상인 것을 말한다. 다만, 양도일 현재 생존해 있는 국내 원작자의 작품은 제외한다(2009. 2. 4, 2010. 2. 18, 2010. 12. 30 신설).

1. 서화·골동품 중 다음 각 목의 어느 하나에 해당하는 것
   가. 회화, 데생, 파스텔(손으로 그린 것에 한정하며, 도안과 장식한 가공품은 제외한다) 및 콜라주와 이와 유사한 장식판
   나. 오리지널 판화·인쇄화 및 석판화
   다. 골동품(제작 후 100년을 넘은 것에 한정한다)
2. 제1호의 서화·골동품 외에 역사상·예술상 가치가 있는 서화·골동품으로서 기획재정부 장관이 문화체육관광부 장관과 협의하여 기획재정부령으로 정하는 것

❽ 2010. 12. 27 개정: 2년 유예

미술 시장의 어려운 여건을 감안하여 2011년 1월 1일로 예정되어 있는 미술품 양도차익에 대한 과세 시기를 2년 연장하여 2013년 1월 1일부터 시행하도록 하였다(법률 제9897호 소득세법 일부개정 법률 부칙 제1조).

3) 현행 과세 규정의 분석

화가가 아닌 개인 거주자(비사업자)가 소장하고 있는 미술품을 일시적으로 판매하고 얻은 소득은 2013년 1월 1일부터 소득세법 제21조 제1항 25호 및 소득세법시행령 제41조 제12항의 규정에 의해 건당 거래금액이 6천만 원 이상[89]인 경우 기타소득으로 분리과세된다. 따라서 종합소득세 신고는 불필요하다. 이때 양도일 현재 생존해 있는 국내 원작자의 작품은 제외된다.[90]

부과 방식은 양도가액에서 취득가액 등 추정필요경비를 공제한 양도차익(소득금액)에 대해 기타소득을 지급하는 자, 즉 구매자가 20% 세율로 원천징수한 후 그 징수일이 속하는 달의 다음 달 10일까지 납부하여야 한다. 여기서 추정필요경비란 실발생 필요경비와 총수입금액의 80%(보유 기간이 10년 이상인 경우에는 90%) 중 큰 금액을 말한다.

원천징수세액 = 기타소득금액(총수입금액 − 추정필요경비) × 20% 단, 추정필요경비 = Max.〔실발생경비, 총수입금액 × 80%(또는 90%)〕

다만, 문화재보호법에 의하여 국가지정문화재로 지정된 서화·골동품의 양도 시 발생하는 소득과 박물관·미술관에 양도 시 발생하는 소득은 비과세대상이다.

---

89) 점당 6천만 원 이상인 경우로 규정한 것은 미술품 시장의 위축을 방지하기 위해 경매 시장 거래금액의 10% 이내에서 과세하려는 취지이다.

90) 당초 정부안은 점당 양도가액이 4천만 원 이상인 미술품이 대상이었으며, 생존해 있는 국내 작가의 작품을 제외하지도 않았다.

현행 규정이 기타소득으로 분리과세를 택하고 있는 것은 과거 일시재산소득으로 하여 종합과세를 하는 것과 비교하면 개인 소장가 입장에서는 세 부담이 상대적으로 적다. 즉, 1995년 12월 29일 개정 소득세법에서처럼 미술품을 양도한 연도에 일시재산소득[91]으로 하여 종합과세를 하게 되면 미술품의 가치가 여러 해에 걸쳐 지속적으로 상승한 것임에도 불구하고 양도가 이루어진 해에 한꺼번에 과세소득을 증가시켜 좀더 높은 누진세율이 적용되는 문제가 발생하므로 기타소득으로 하되 분리과세를 적용토록 한 것이다.

한편, 1990년 12월 31일 처음으로 미술품에 대해 과세를 입법했을 때에는 양도소득으로 분류과세를 하도록 규정한 것과 현행 규정을 비교하면, 일반적으로 기타소득으로 분리과세를 하는 현행 규정이 개인 소장가에게 여전히 세 부담이 적다. 왜냐하면 서화 등에 대해서는 40-60%의 누진세율이 적용되었는데, 이는 기타소득으로 20% 분리과세되는 현행 규정보다 세율 부담이 과중하기 때문이다.[92]

당시 서화 등에 대해 적용하는 누진세율은 〈표4〉와 같았다.

한편, 과세 절차도 미술품의 개인 소장가에게는 현행 규정이 과거 규정들에 비해 좀더 간편하다고 할 수 있다. 즉, 양도소득으로 과세하거나 일시재산소득으로 하여 종합과세할 경우에는 미술품을 양도한 개인 소장가가 소득세를 신고 납부하여야 하나, 현행 규정과

---

91) 현재는 일시재산소득은 삭제되고 일부는 기타소득, 일부는 사업소득으로 편입되었다.

92) 물론 양도소득으로 과세될 경우 장기보유특별공제 등을 받을 수 있다 하더라도 세율 자체의 차이가 너무 크다.

〈표4〉 양도소득세율(1990.12.31)

양도소득 과세표준	세율
3천만 원 이하	과세표준의 100분의 40
3천만 원 초과 6천만 원 이하	1,200만 원 + 3천만 원을 초과하는 금액의 100분의 45
6천만 원 초과 1억 원 이하	2,550만 원 + 6천만 원을 초과하는 금액의 100분의 50
1억 원 초과 5억 원 이하	4,550만 원 + 1억 원을 초과하는 금액의 100분의 55
5억 원 초과	2억 6,550만 원 + 5억 원을 초과하는 금액의 100분의 60

같이 기타소득으로 분리과세되는 경우에는 미술품을 구매하고 소득을 지급하는 자(양수자)가 원천징수하여 세금을 납부하게 된다.

그러나 세수 확보 차원에서 보자면 미술품 양도차익에 대해 양수자가 원천징수 후 납부하도록 한 현행 규정은 미술품이 등기·등록 자산이 아닌 상황하에서 양수자가 원천징수를 하지 않을 경우 이를 과세 당국이 포착하기가 어렵다는 문제점이 있다. 아마도 현재 상황하에서는 공개 경매 시장에서 거래가 이루어지는 미술품에 대해서만 세원 포착과 평가가 이루어질 것으로 보인다.[93]

93) 서울옥션, K옥션 등 경매회사를 통한 미술품 낙찰액은 2005년 189억 원에서 2006년 600억 원, 2007년 1,875억 원으로 해마다 3배가 넘게 급신장하고 있다.

II. 미술품과 관련한 부가가치세 과세 문제

1. 부가가치세 개요

(1) 부가가치세의 개념

부가가치세(Value Added Tax, VAT)란 재화나 용역이 생산되거나 유통되는 모든 거래 단계에서 생성되는 부가가치를 과세대상으로 하는 세금이다.

부가가치세 납부세액은 다음과 같이 산정된다.

부가가치세 납부세액 = (매출액 × 적용세율) − (매입액 × 적용세율) = 매출세액 − 매입세액

위와 같이 납부세액을 산정하는 방식을 '전단계세액공제법'이라고 한다. 이는 매출액(공급가액)에 적용세율을 곱하여 계산한 매출세액에서 매입액에 적용세율을 곱하여 계산한 매입세액을 공제하여 납부할 부가가치세를 산출하는 방식이다.[94] 이러한 산식에 의하면 생산자나 유통업자는 자신이 매출을 할 때 상대방으로부터 받은 부가가치세액에서 자기가 매입을 할 때 징수당한 부가가치세액을 공제하여 납부만 할 뿐이므로 실제 자신이 부가가치세를 부담한

---

94) 부가가치세의 산정방식에는 이외에 가산법과 전단계거래액공제법이 있다. 가산법이란 임금, 지대, 이자 및 이윤을 모두 합한 부가가치에 세율을 곱하여 부가가치세 납부세액을 구하는 방식이다. 전단계거래액공제법이란 매출액에서 매입액을 공제한 부가가치에 세율을 곱하여 부가가치세 납부세액을 구하는 방법이다.

다고 볼 수 없다. 반면, 최종소비자는 재화나 용역을 구입하면서 부가가치세를 거래징수 당하지만 자기 단계에서 부가가치를 창출하지 않기 때문에 부가가치세를 납부할 의무가 없어 결국 매입 시 거래징수당한 부가가치세를 최종적으로 부담한 것이라고 볼 수 있다. 즉, 부가가치세는 재화나 용역의 최종 소비자가 부담하게 되며, 생산자나 유통업자는 단순히 세금을 중간에서 징수하여 납부하는 역할만을 담당한다. 이를 간략한 사례를 들어 설명하면 다음과 같다.

사례 : 갑이 깊은 산속에서 산삼을 캐서 이를 을에게 500만 원에 팔았다고 하자. 을은 다시 이 산삼에 각종 한약재를 섞어 보약을 만들고 이를 병에게 1천만 원에 팔았다. 부가가치세율이 10%라고 할 때 갑, 을, 병이 부담하게 되는 부가가치세는 얼마인가?

❶ 갑(생산자)의 경우

갑의 부가가치세 납부세액 = (매출액 × 적용세율) − (매입액 × 적용세율)
= (500만 원 × 10%) − (0원 × 10%)
= 50만 원

생산자인 갑은 을에게 산삼을 판매할 때 매출액 500만 원의 10%에 해당하는 매출세액 50만 원을 추가로 징수한 후 이를 납부한다. 그러므로 납부세액 50만 원은 갑이 부담하는 것이 아니라 을에게서 거래징수한 세액이라는 점에서 자기 단계에서 창출한 부가가치 500만 원에 대한 부가가치세를 을에게 전가한 것이라고 볼 수 있다.

❷ 을(유통업자)의 경우

을의 부가가치세 납부세액 = (1,000만 원 × 10%) − (500만 원 × 10%)
= 50만 원

을은 최종소비자인 병에게 판매할 때 매출액 1천만 원의 10%에 해당하는 100만 원의 매출세액을 추가로 징수한 후, 본인이 갑에게 거래징수당한 매입액 500만 원의 10%인 50만 원의 매입세액을 공제한 50만 원을 납부한다. 그러므로 을은 본인이 창출한 부가가치 500만 원에 대한 부가가치세를 최종소비자인 병에게서 거래징수한 세액 중 일부를 가지고 납부하였다는 점에서 부가가치세를 최종소비자에게 전가한 것이라고 할 수 있다.

❸ 병(최종 소비자)의 경우

최종소비자인 병은 1천만 원을 매입하면서 100만 원의 부가가치세를 거래징수 당하였으나 자기 단계에서 창출한 부가가치가 없기 때문에 부가가치세를 납부할 의무가 없다. 결국 최종소비자인 병은 100만 원의 부가가치세를 부담한 것이 되고, 이는 갑과 을이 각각 자기 단계에서 창출한 부가가치의 합인 1천만 원(=500만 원+500만 원)의 10%에 해당함을 알 수 있다. 따라서 정부가 걷어 들인 부가가치세 100만 원은 최종소비자인 병의 부담으로 귀착된다고 할 수 있다.

위 사례를 통해 알 수 있는 것처럼 부가가치에 과세한다는 그 명칭에도 불구하고 부가가치세(VAT)는 부가된 가치(value added)에 과세하려는 의도가 아니라 소비(consumption)에 과세하려는 의도를 가지고 있는 세금이다.

(2) 부가가치세 납세의무자

부가가치세의 납세의무자는 사업 목적이 영리 목적이든 비영리 목적이든 관계없이 사업상 독립적으로 재화 또는 용역을 공급하는 자와 재화를 수입하는 자이다(부가가치세법 제2조 1항). 이처럼 부가가치세 납세의무자는 거래징수하는 사업자가 되며, 부가가치세를 실질적으로 부담하는 담세자는 최종소비자이다. 여기서 사업자란 부가가치를 창출해 낼 정도의 사업 형태를 갖추고 계속적이고 반복적인 의사로 재화 또는 용역을 공급하는 자를 말한다.[95)]

(3) 부가가치세의 효과

부가가치세가 경제에 미치는 효과는 긍정적인 효과와 부정적인 효과가 상존한다.

❶ 긍정적인 효과

먼저 세수의 안정적인 확보가 가능하다는 점이다. 부가가치세는 국내의 부가가치 총액에 대해 일정률을 부과하는 것이기에 국민총생산이 증가함에 따라 세수도 같이 증가한다.

한편, 부가가치세는 결국 소비행위에 대해 과세하는 것이므로 소비를 억제하고 저축을 증대시키는 역할을 한다.

또한 부가가치세는 기업들 간의 중간거래(intermediate transaction)

---

95) 대법원 1990. 4. 24 선고, 89누6952 판결.

가 아닌 소비에 대하여 부과되기 때문에 부가가치세는 공급자들의 시장가격을 왜곡하지 않는다. 따라서 부가가치세는 공급의 효율성을 어지럽히지 않는다는 점에서 바람직한 측면을 가지고 있다.

기업에서 사용한 필요경비나 손금의 크기에 관계없이 매출액에 대해 부과하므로 불필요한 지출을 조장하지 않는다는 점에서 자원의 효율적 배분을 촉진한다고 할 수 있다.

마지막으로 부가가치세는 매출세액에서 전 단계까지 납부한 매입세액을 공제하여 납부세액을 결정하므로 전 단계에서 납부한 세액을 공제받기 위해서는 거래자로부터 적법한 세금계산서를 발급받아야 한다. 따라서 세금계산서의 수수로 인해 소득세와 법인세의 세원 포착이 가능해지고 이로 인해 탈세 행위를 방지하는 효과를 가져올 수 있다.

❷ 부정적인 효과

부가가치세는 매출액에 대해 부과된다는 점에서 매출가격이 상승하게 되면 세금 부담의 증가를 가져와 물가상승이 유발된다.

또한 단일세율 체계를 가지고 있다는 점에서 누진세율 체계가 갖는 경기 조절 기능이 부족하다.

소득에서 세금이 차지하는 비율인 조세 부담률이 역진적이다. 즉, 소득이 낮을수록 소비성향이 높기 때문에, 조세 부담률은 저소득층일수록 더 높게 나타나는 문제점이 발생한다.

2. 미술품 매매 시 부가가치세의 문제

(1) 미술품 공급 자체에 대한 부가가치세 과세 여부

부가가치세는 세 부담의 역진성이 가장 큰 문제점으로 지적된다. 따라서 이를 완화하기 위한 방안을 두고 있는데, 그중 하나가 면세 제도이다. 부가가치세법에서 규정하고 있는 면세 대상인 재화 또는 용역은 주로 기초생활 필수품 및 용역, 국민후생 관련 재화 및 용역, 생산요소 등과 관련된 것인데, 문화 관련 재화 및 용역도 그 중 하나이다.

부가가치세법 제12조 1항 15호에 의하면 예술창작품, 예술행사, 문화행사와 아마추어 운동경기로서 대통령령으로 정하는 것은 부가가치세를 면제한다. 예술창작품은 부가가치세법 시행령 제36조 1항에서 구체적으로 정하고 있는데, 미술·음악 또는 사진에 속하는 창작품으로 하되, 골동품[96]은 제외한다. 따라서 미술품을 판매하더라도 부가가치세는 과세되지 아니한다.[97] 다만, 해당 미술품이 창작품에 해당하는지의 여부는 창작자, 창작 과정, 창작 방법 등에 따라 사실 판단할 사항이다.[98] 가령, 사업자가 미술품 등의 창작품을 모방하여 대량으로 제작하는 작품은 예술창작으로 보지 아니하며,[99] 사업자가 원판을 이용하여 복제한 판화를 공급하는 경우에도 예술창작품으로 보지 아니하므로 이 경우에는 부가가치세가 과세된다.[100]

---

96) 관세율표번호 제9706호의 것을 말한다.
97) 국세청 질의회신 부가46015-804(2001. 05. 30).
98) 국세청 질의회신 부가46015-558(1999. 02. 26).
99) 부가가치세법기본통칙 12-35-6〔모방제작한 미술품 등〕.
100) 국세청 질의회신 부가40615-3245(2000. 09. 19).

(2) 미술품·골동품 등 중개업자의 중개 수수료에 대한 부가가치세 과세 여부

미술품·골동품등의 중개업을 영위하는 사업자가 미술품 등의 소장자로부터 의뢰받아 소비자에게 동 미술품·골동품 등의 매입을 중개하여 주고 받는 중개 수수료에 대하여는 부가가치세가 과세되는 것이며, 부가가치세법 제16조에 규정된 세금계산서를 교부하여야 한다.[101] 가령, 미술품 경매 시 미술품 낙찰 금액에 대해서는 부가가치세가 면제되지만 경매회사에 지급되는 수수료에는 부가가치세가 과세된다.

(3) 수입 미술품의 부가가치세 과세 여부

재화의 수입에 대해서는 원칙적으로 부가가치세가 과세(부가가치세법 제1조 1항 2호)되며 세관장이 부가가치세를 징수하게 된다. 그런데 관세가 무세이거나 감면되는 재화로서 대통령령이 정하는 것은 부가가치세를 면제하며(부가가치세법 제12조 2항 15호 및 부가가치세법시행령 제46조), 예술품은 이러한 재화 중 하나로 규정되어 있다(부가가치세법시행규칙 제13조). 다만, 경감의 경우에는 경감되는 분에 한한다. 이와 관련된 국세청의 질의회신 하나를 소개하면 다음과 같다.

국세청 질의회신 서면인터넷방문상담3팀-1971(2004. 09. 24)

질의 내용 : 미술품을 판매하는 화랑업 영위 사업자가 판매를 위하여 해외에서 사진작품을 수입하는 경우 부가가치세 면제 여부

회신 : 미술품을 판매하는 화랑업을 운영하는 사업자가 판매 목적

---

101) 국세청 질의회신 부가46015-164(1997. 01. 23).

으로 사진작품을 수입하는 경우 동 재화가 관세가 무세이거나 감면되는 경우에는 부가가치세법 제12조 제2항 제14호의 규정에 의하여 수입 시 부가가치세가 면제되는 것입니다. 다만, 관세가 경감되는 경우에는 경감되는 분에 한하여 부가가치세가 면제되는 것입니다.

(4) 미술품 관람 입장료 면세 여부

도서관, 과학관, 박물관, 미술관, 동물원 또는 식물원에의 입장에 대해서는 부가가치세가 면제된다(부가가치세법 제12조 1항 16호). 그런데 만약 사업자가 미술관을 대관하여 미술품을 전시하고 입장료를 받는 경우는 어떠할까? 사업자가 미술관을 대관하여 미술품을 전시하고 당해 전시회의 입장료를 받는 경우가 영리를 목적으로 하지 아니하는 문화·예술행사인 경우에는 부가가치세법 제12조 제1항 제14호의 규정에 의하여 부가가치세가 면제되는 것이나, 미술품 전시회가 영리를 목적으로 하지 아니하였는지 여부는 부가가치세법 기본통칙 12-35-7의 규정을 참고하여 사실 판단할 사항이라는 것이 국세청의 입장이다.[102]

3. 화가의 재료비 구입액에 포함된 부가가치세

미술품 작가는 창작을 위해 사용될 재료 또는 기구를 구입하거나 작업 장소로 사용할 화실 등의 공간을 임차하고 그 대가의 10%에 해당하는 부가가치세를 부담하게 되는데 이를 매입세액이라 한다. 부가가치세 매입세액을 환급받기 위해서는 사업자 등록을 하였을

102) 국세청 질의회신 서면인터넷방문상담3팀-1221(2006. 06. 23).

것과 미술품 거래가 부가가치세 과세거래여야 한다. 그러나 작가 등은 일반적으로 사업자 등록을 하지 않은 경우가 많을뿐더러, 미술품 거래가 부가가치세 면세거래에 해당하기에 부가가치세 매입세액을 환급받을 방법은 현행 규정하에서는 없다.

참고 조문

부가가치세법 제12조〔면세〕

① 다음 각 호의 재화 또는 용역의 공급에 대하여는 부가가치세를 면제한다.

14. 저술가·작곡가나 그 밖에 대통령령으로 정하는 자가 직업상 제공하는 인적(人的) 용역
15. 예술창작품, 예술행사, 문화행사와 아마추어 운동경기로서 대통령령으로 정하는 것
16. 도서관, 과학관, 박물관, 미술관, 동물원 또는 식물원에의 입장
17. 종교, 자선, 학술, 구호(救護), 그 밖의 공익을 목적으로 하는 단체가 공급하는 재화 또는 용역으로서 대통령령으로 정하는 것

② 다음 각 호의 재화의 수입에 대하여는 부가가치세를 면제한다.

3. 학술연구단체, 교육기관 및 한국교육방송공사법에 따른 한국교육방송공사 또는 문화단체가 과학·교육·문화용으로 수입하는 재화로서 대통령령으로 정하는 것
4. 종교의식, 자선, 구호, 그 밖의 공익을 목적으로 외국으로부터 종교단체, 자선단체 또는 구호단체에 기증되는 재화로서 대통령령으로 정하는 것
5. 외국으로부터 국가, 지방자치단체 또는 지방자치단체조합에 기증되는 재화
10. 우리나라에서 개최되는 박람회, 전시회, 품평회, 영화제 또

는 이와 유사한 행사에 출품하기 위하여 무상으로 수입하는 물품으로서 관세가 면제되는 재화

11. 조약·국제법규 또는 국제관습에 따라 관세가 면제되는 재화로서 대통령령으로 정하는 것

15. 제6호부터 제13호까지의 재화 외에 관세가 무세(無稅)이거나 감면되는 재화로서 대통령령으로 정하는 것. 다만, 관세가 경감되는 경우에는 경감되는 부분만 해당한다.

③ 제1항에 따라 면세되는 재화 또는 용역의 공급에 필수적으로 부수되는 재화 또는 용역의 공급은 면세되는 재화 또는 용역의 공급에 포함되는 것으로 본다.

④ 사업자는 제1항에 따라 부가가치세가 면제되는 재화 또는 용역의 공급으로서 제11조에 따라 영세율 적용의 대상이 되는 것과 제1항 제12호·제14호 및 제17호의 재화 또는 용역의 공급에 대하여는 대통령령으로 정하는 바에 따라 부가가치세의 면제를 받지 아니할 수 있다.

⑤ 제1항과 제2항에 따른 재화 또는 용역의 범위에 관하여 필요한 사항은 대통령령으로 정한다.

부가가치세법 시행령 제36조〔예술창작품등의 범위〕

① 법 제12조 제1항 제15호에 규정하는 예술창작품은 미술·음악 또는 사진에 속하는 창작품으로 한다. 다만, 골동품(관세율표번호 제9706호의 것을 말한다)은 제외한다(1993. 12. 31, 2010. 2. 18 개정).

② 법 제12조 제1항 제15호에 규정하는 예술행사는 영리를 목적으로 하지 아니하는 발표회·연구회·경연대회 또는 그 밖에 이와 유사한 행사로 한다(1999. 12. 31, 2010. 2. 18 개정).

③ 법 제12조 제1항 제15호에 규정하는 문화행사는 영리를 목적으로 하지 아니하는 전시회·박람회·공공행사 또는 그 밖에 이와 유사한 행사로 한다(2010. 2. 18 개정).

④ 법 제12조 제1항 제15호에 규정하는 아마추어 운동경기는 대한체육회 및 그 산하단체와 태권도 진흥 및 태권도공원 조성 등에 관한 법률에 따른 국기원이 주최·주관 또는 후원하는 운동경기나 승단·승급·승품심사로서 영리를 목적으로 하지 아니하는 것으로 한다(2009. 2. 4, 2010. 2. 18 개정).

부가가치세법시행령 제46조
〔기타 관세가 무세이거나 감면되는 재화의 범위〕

• 법 제12조 제2항 제14호에 규정하는 관세가 무세이거나 감면되는 재화로서 대통령령이 정하는 것은 다음 각 호의 1에 해당되는 재화로 한다.

18. 기타 관세의 기본세율이 무세인 물품으로서 재정경제부령이 정하는 것과 관세의 협정세율이 무세인 철도용 내연기관·디젤기관차 및 이식용 각막

부가가치세법시행규칙 제13조
〔관세의 기본세율이 무세인 품목으로서 부가가 치세가 면세되는 품목의 범위〕

• 영 제46조 제18호에서 '재정경제부령이 정하는 것'이라 함은 별표 6에 규정된 물품을 말한다.

III. 미술품과 관련한 상속·증여세 문제

1. 상속세 및 증여세 개요

상속세란 피상속인이 사망함으로써 무상으로 이전되는 재산을 과세물건으로 하여 상속인에게 부과하는 조세를 말하며, 증여세란 타

인의 증여에 의하여 취득한 재산을 과세물건으로 하여 그 취득자에게 부과하는 조세를 말한다. 상속세 제도는 부의 재분배를 통해 빈부격차가 세대를 걸쳐 유전되는 것을 완화하기 위한 사회정책적 조세라고 할 수 있다. 그런데 만일 상속의 경우에만 세금을 부과하고 증여에 대해서는 부과하지 않는다면 상속 개시일 이전에 상속인에게 재산을 증여함으로써 상속세를 회피할 수 있게 되므로 증여세 제도는 이러한 상속세 제도를 보완하기 위한 것으로 볼 수 있다. 우리나라 세제는 상속세와 증여세를 하나의 법으로 하여 규정하고 있다.

상속세와 증여세는 다음과 같이 산정된다.

〈표5〉 상속세와 증여세

상속세	증여세
상속재산가액①	증여재산가액⑪
(+) 추정상속재산가액②	(+) 재차증여재산가액⑫
(=) 총상속재산가액	(–) 비과세재산가액⑬
(–) 과세가액공제액③	(–) 과세가액불산입⑭
(+) 증여재산가액④	(–) 부담부증여시 채무인수액⑮
(–) 비과세재산가액⑤	(=) 증여세과세가액
(–) 과세가액불산입⑥	(–) 증여재산공제액⑯
(=) 상속세과세가액	(–) 재해손실공제액
(–) 인적공제액⑦	(–) 감정평가수수료공제액
(–) 물적공제액⑧	(=) 증여세과세표준
(–) 감정평가수수료공제액	(×) 세율
(=) 상속세과세표준	(=) 산출세액
(×) 세율	(–) 징수유예세액
(=) 산출세액	(–) 세액공제액⑰
(–) 징수유예세액⑨	(=) 납부세액
(–) 세액공제액⑩	
(=) 신고납부세액	

① 상속재산가액: 상속재산, 유증재산, 사인증여재산 및 의제상속재산 가액
② 추정상속재산가액: 재산처분액·채무부담액 중 용도가 객관적으로 명백하지 않은 금액 및 상속인이 변제할 의무가 없다고 추정되는 채무
③ 과세가액공제액: 공과금, 장례비용, 채무
④ 증여재산가액: 상속 개시일 전 10년 이내에 상속인에게 증여한 재산 및 상속 개시일 전 5년 이내에 상속인이 아닌 자에게 증여한 재산
⑤ 비과세재산가액: 전사자 등에 대한 비과세 및 비과세되는 상속재산
⑥ 과세가액불산입: 공익법인 등의 출연재산에 대한 상속세 과세가액 불산입
⑦ 인적공제액:(기초공제액 + 그 밖의 인적공제액) 또는 일괄공제액,[103] 배우자상속공제액
⑧ 물적공제액: 가업상속공제 또는 영농상속공제, 금융재산상속공제액 + 재해손실공제액 + 동거주택상속공제
⑨ 징수유예세액: 문화재 자료, 박물관 자료에 대한 징수유예액
⑩ 세액공제액: 증여세액공제, 외국납부세액공제, 단기재산상속세액공제, 신고세액공제
⑪ 증여재산가액: 본래의 증여재산가액 또는 증여의제(추정)가액
⑫ 재차증여재산: 10년 이내에 동일인으로부터 증여받은 재산가액의 합계액
⑬ 비과세재산가액: 일정한 비과세 증여재산의 가액
⑭ 과세가액불산입: 공익법인 등이 출연받은 재산에 대한 과세가액

---

103) 기초공제액과 그 밖의 인적공제액의 합계액이 일괄공제액(5억 원)에 미달하는 경우에는 일괄공제를 선택할 수 있다. 단, 배우자가 단독으로 상속을 받는 경우에는 일괄공제를 선택할 수 없다.

불산입, 공익신탁재산에 대한 과세가액불산입, 장애인이 증여받은 재산의 과세가액불산입

⑮ 부담부증여시 채무인수액: 증여재산에 담보된 채무로서 수증자가 인수한 금액

⑯ 증여재산공제액: 배우자 등의 친족으로부터 증여를 받는 경우

⑰ 세액공제액: 납부세액공제, 외국납부세액공제, 신고세액공제, 공제감면세액

상속세와 증여세 산출세액을 구하기 위한 세율은 과세표준액에 따라 달리 적용되는 누진세율로서 다음과 같다(상속세 및 증여세법 제26조 및 상속세 및 증여세법 제56조).

〈표6〉 상속세와 증여세의 세율

과세표준	세율
1억 원 이하	100분의 10
1억 원 초과 5억 원 이하	1천만 원 + 1억 원 초과금액의 100분의 20
1억 원 초과 10억 원 이하	9천만 원 + 5억 원 초과금액의 100분의 30
10억 원 초과 30억 원 이하	2억 4천만 원 + 10억 원 초과금액의 100분의 40
30억 원 초과	10억 4천만 원 + 30억 원 초과금액의 100분의 50

2. 상속세 및 증여세법상 미술품의 평가

상속세나 증여세가 부과되는 재산의 가액은 상속 개시일 또는 증여일 현재의 시가에 따른다(상속세 및 증여세법 제60조 1항). 이때 시가는 불특정 다수인 사이에 자유롭게 거래가 이루어지는 경우에 통상적으로 성립된다고 인정되는 가액으로 하고, 수용가격·공매가격 및 감정가격 등 시가로 인정되는 것을 포함한다(상속세 및 증여세법 제60조 2항).

따라서 서화·골동품의 경우에도 시가에 의하되, 만일 시가를 산정하기 어려운 경우에는 상속세 및 증여세법 제62조 2항에서 규정한 바와 같이 당해 재산의 종류·규모·거래 상황 등을 감안하여 대통령령이 정하는 방법에 의하여 평가한 가액에 의한다. 여기서 대통령령이 정하는 방법이란 상속세 및 증여세법시행령 제52조 2항에서 정한 방법을 말하는바, 판매용과 판매용이 아닌 것으로 나누어 규정되어 있다.

먼저 판매용인 서화·골동품 등은 처분할 때에 취득할 수 있다고 예상되는 가액(재취득가액)으로 하되, 그 가액이 확인되지 아니하는 경우에는 장부가액으로 한다(상속세 및 증여세법시행령 제52조 2항 1호).

이와 관련하여 감사원 심사청구 사례 중 하나를 살펴보기로 한다.[104)]

장부가액이 약 17억 원에 해당하는 상품인 서화류에 대해 상속인은 전문감정기관에 의뢰하여 소급감정을 통해 약 900만 원으로 평

104) 감사원 심사결정 감심-2003-0036(2003.05.06).

가한 금액을 기초로 상속세를 납부하였다. 그러나 국세청은 장부가액으로 과세를 하였고 이에 대해 상속인이 불복한 사안이다.

쟁점은, 상속재산인 비상장주식 평가 시 그 **법인이 소유한 상품인 서화류**에 대한 자산가액을 장부가액에 의할 것인지 전문감정기관의 소급 감정가액에 의할 것인지 여부이다.

감사원은 다음과 같이 판단하였다. 상속인들이 이 사건 상품의 감정가액은 900여 만 원에 불과하므로 이를 재취득가액으로 보아야 한다고 주장하고 있으나 이는 이 사건 심사청구를 위하여 3년 7개월 전으로 소급하여 감정한 가액이라는 점, 그 감정가액 또한 청구인들이 상속세 신고 시 스스로 평가한 가액의 18분의 1에 불과하다는 점, 그 감정자가 청구인이 임의로 선정한 민간 감정단체라는 점, 상속받은 날로부터 3년 7개월이 경과된 시점에서 위 감정자들이 감정한 서화가 바로 이 사건 상품이라는 확인이 어려운 점 등을 감안할 때 청구인들이 주장하는 감정가액을 이 사건상품의 재취득가액으로 받아들이기는 어렵다. 따라서 상속세 및 증여세법상 자산 중 판매를 목적으로 하는 서화류는 재취득가액에 의하여 평가하는 것으로 되어 있으나 재취득가액을 확인하기 어려우므로 장부가액인 취득가액을 재취득가액으로 보아 주식가치를 평가하여 부과처분한 것은 정당하다.

한편, 판매용이 아닌 서화·골동품 등 예술적 가치가 있는 유형재산의 평가는 다음 각 목의 구분에 의한 전문 분야별로 2인 이상의 전문가가 감정한 가액의 평균액으로 하되, 다만, 그 가액이 국세청장이 위촉한 3인 이상의 전문가로 구성된 감정평가심의회에서 감정한 감정가액에 미달하는 경우에는 그 감정가액에 의한다(상속세 및 증여세법시행령 제52조 2항 2호).

가. 서화·전적
나. 도자기·토기·철물
다. 목공예·민속장신구
라. 선사유물
마. 석공예
바. 기타 골동품
사. 가목부터 바목까지에 해당하지 아니하는 미술품

3. 문화재 자료 등의 징수유예

(1) 개요

납세지 관할세무서장은 상속재산 중 문화재 자료 등과 박물관 자료 중 어느 하나에 해당하는 재산이 포함되어 있는 경우에는 그 재산가액에 상당하는 상속세액의 징수를 유예하는바, 이를 징수유예 제도라고 한다(상속세 및 증여세법 제74조 1항).

여기서 문화재 자료 등이란 문화재보호법 제2조 제2항 제3호에 따른 문화재 자료 및 같은 법 제53조 제1항에 따른 등록문화재를 말하며, 박물관 자료란 박물관 및 미술관 진흥법에 따라 등록한 박물관 자료 또는 미술관 자료로서 같은 법에 따른 박물관 또는 미술관(사립박물관이나 사립미술관의 경우에는 공익법인 등에 해당하는 것만을 말한다)에 전시 중이거나 보존 중인 재산을 말한다. 이때 상속재산에 포함되는 미술관의 미술품을 유상대여하고 있는 경우에도 상속세 징수유예는 가능하다.[105)]

징수유예는 실질적으로 그 징수의 면제와 같다고 볼 수 있다. 다만, 징수유예를 받고자 하는 경우에는 그 유예한 상속세액에 상당하는 담보를 상속세 및 증여세법 제77조의 규정에 의한 과세표준과 세액의 결정 통지 전까지 제공하여야 한다(상속세 및 증여세법 제74조 4항). 담보제공 방법은 연부연납 신청에 따른 담보제공 규정을 준용하고 있으며, 실무상 연부연납 신청 시에 담보로 제공하고자 하는 재산을 신청서에 기재하고 연부연납 허가 시에 담보설정(부동산인 경우 근저당권설정, 기타 동산은 공탁증명서 등)을 하고 있으므로 소관 세무서장이 상속세액을 결정 통지하기 전까지 제공하면 된다.

한편, 징수유예 제도는 증여세에도 동일하게 적용되나, 문화재 자료 등은 제외된다(상속세 및 증여세법 제75조).

(2) 징수유예 신청 방법 및 징수유예세액의 계산

징수유예를 신청하는 방법은 상속세 신고 시 상속세과세표준신고 및 자진납부계산서의 '문화재 등 징수유예세액'란에 징수유예를 받고자 하는 세액을 기재하고 관련 입증 자료 및 담보로 제공하고자 하는 재산 목록을 첨부하여 제출하면 된다.[106]

한편, 문화재 자료 등에 대해 징수유예되는 상속세액은 다음 산식에 의하여 구하게 된다(상속세 및 증여세법시행령 제76조 1항).

---

105) 국세청 질의회신 재삼46014-234(1999. 02. 02).

106) 국세청 질의회신 제도46014-10365(2001. 03. 31).

징수유예 상속세액

$$= \text{상속세 산출세액} \times \frac{(\text{문화재 자료 등의 가액} + \text{박물관 자료의 가액})}{(\text{상속재산가액} + \text{증여재산가액})}$$

이때 상속재산에는 본래의 상속재산, 추정상속재산, 간주상속재산, 비과세재산, 과세가액에 불산입되는 재산이 모두 포함하는 것이 아니라 상속세과세가액 상당액을 말하는 것이다.[107)]

(3) 징수유예세액의 징수

납세지 관할세무서장은 문화재 자료 등이나 박물관 자료를 상속받은 상속인 또는 수유자가 이를 유상으로 양도하거나 박물관 또는 미술관의 등록이 취소된 경우, 박물관 또는 미술관을 폐관한 경우, 문화체육관광부에 등록된 박물관 자료 또는 미술관 자료에서 제외되는 경우로 박물관 자료를 인출하는 경우에는 즉시 그 징수유예한 상속세를 징수하여야 한다(상속세 및 증여세법 제74조 2항 및 상속세 및 증여세법시행령 제76조 2항).

참고 조문

상속세 및 증여세법 제74조〔문화재 자료 등에 대한 상속세의 징수유예〕

① 납세지 관할세무서장은 상속재산 중 다음 각 호의 어느 하나에 해당하는 재산이 포함되어 있는 경우에는 대통령령으로 정하는 바

---

107) 국세청 질의회신 서면인터넷방문상담4팀-1746(2004. 10. 28).

에 따라 계산한 그 재산가액에 상당하는 상속세액의 징수를 유예한다(2010. 2. 4 개정).

1. 문화재보호법 제2조 제2항 제3호에 따른 문화재 자료 및 같은 법 제53조 제1항에 따른 등록문화재(이하 이 조에서 '문화재 자료 등'이라 한다)와 같은 법 제27조 제1항에 따른 보호구역에 있는 토지로서 대통령령으로 정하는 토지

2. 박물관 및 미술관 진흥법에 따라 등록한 박물관 자료 또는 미술관 자료로서 같은 법에 따른 박물관 또는 미술관(사립박물관이나 사립미술관의 경우에는 공익법인 등에 해당하는 것만을 말한다)에 전시 중이거나 보존 중인 재산(이하 이 조에서 '박물관 자료'라 한다)

② 납세지 관할세무서장은 문화재 자료 등이나 박물관 자료를 상속받은 상속인 또는 수유자가 이를 유상으로 양도하거나 그 밖에 대통령령으로 정하는 사유로 박물관 자료를 인출(인출)하는 경우에는 즉시 그 징수유예한 상속세를 징수하여야 한다.

③ 납세지 관할세무서장은 제1항에 따른 징수유예 기간에 문화재 자료 등이나 박물관 자료를 소유하고 있는 상속인 또는 수유자의 사망으로 다시 상속이 개시되는 경우에는 그 징수유예한 상속세액의 부과 결정을 철회하고 그 철회한 상속세액을 다시 부과하지 아니한다.

④ 제1항에 따른 징수유예를 받으려는 자는 그 유예할 상속세액에 상당하는 담보를 제공하여야 한다. 이 경우 담보의 제공에 대해서는 제71조를 준용한다.

⑤ 제1항을 적용할 때에는 상속인이 상속재산 중 박물관 자료 또는 미술관 자료를 제67조에 따른 신고 기한(박물관이나 미술관을 설립하는 경우로서 부득이한 사유가 있는 경우에는 그 사유가 없어진 날이 속하는 달의 말일부터 6개월을 말한다)까지 대통령령으로 정하는 방법으로 박물관 및 미술관 진흥법에 따른 박물관 또는 미

술관에 전시하거나 보존하는 경우를 포함한다.

상속세 및 증여세법 제75조〔준용규정〕

문화재 자료 등에 대한 증여세의 징수유예에 관하여는 제74조 제1항(제1호는 제외한다) 및 같은 조 제2항부터 제4항까지의 규정을 준용한다. 이 경우 제74조 제1항 각 호 외의 부분 중 '상속재산'은 '증여재산'으로, '상속세액'은 '증여세액'으로 보고, 같은 조 제2항 중 '상속받은 상속인 또는 수유자'는 '수증자'로, '상속세'는 '증여세'로 보며, 같은 조 제3항 중 '상속인 또는 수유자'는 '수증자'로, '다시 상속이 개시되는 경우'는 '상속이 개시되는 경우'로 보고, 같은 조 제3항 및 제4항 중 '상속세액'은 각각 '증여세액'으로 본다.

(4) 물납 허용 여부

금전 이외의 재산으로 조세채무를 이행하는 것을 물납이라고 한다. 상속세 및 증여세법에 의하면 상속받거나 증여받은 재산 중 부동산과 유가증권의 가액이 그 재산가액의 50%를 초과하고 상속세 납부세액 또는 증여세 납부세액이 1천만 원을 초과하는 경우에는 납세의무자의 신청을 받아 해당 부동산과 유가증권에 대해서만 물납을 허용하고 있다. 따라서 미술품의 경우에는 물납이 불가능하다.

제3절 외국의 미술품 관련 세제

I. 미국

1. 미술품의 판매와 관련한 과세 문제

미국 연방세법은 미술품의 처분과 관련하여 납세자를 몇 가지 유형으로 나누어 과세한다. 이하에서는 미술품을 처분한 납세자를 화가 등 창작자, 투자자, 취미적 수집가, 미술품 중개상, 사업자인 수집가로 세분하여 각기 과세 문제를 살펴보기로 한다.

(1) 창작자

화가 등이 창작한 미술품은 자본자산(capital assets)에 해당하지 않는다.[108] 따라서 미술품을 처분하고 얻은 소득은 종합소득에 포함되어 누진세율로 과세된다. 참고로 종합소득에 대한 과세 구조는 〈그림3〉과 같다.

신고지위(filing status)에 따라 누진세율의 적용구간인 과세표준(taxable income)이 각기 다르나 세율 자체는 0-35%(2011년 기준)로 동일하다. 2011년도 세율은 〈표7〉과 같으며, 최근의 세율 변화는 〈표8〉과 같다.

---

108) I.R.C. § 1221(a)(3)

〈그림3〉 개인 소득세 과세 구조

총소득(gross income)
(−) 조정 총소득 공제(deductions for AGI)
(=) 조정 총소득(adjusted gross income)
(−) Max.〔항목별공제(itemized deductions), 표준공제(standard deductions)〕
(−) 인적공제(exemptions)
(=) 과세표준(taxable income)
(×) 세율(tax rate)
(=) 산출세액(tax caculated)
(−) 세액공제(tax credit)
(=) 세액(tax)

〈표7〉 2011년 세율표(단위: 달러)

세율	개인	부부 공동	부부 개별	세대주
10%	8,500 이하	17,000 이하	8,500 이하	12,150 이하
15%	8,501 – 34,500	17,001 – 69,000	8,501 – 34,500	12,151 – 46,250
25%	34,501 – 83,600	69,001 – 139,350	34,501 – 69,675	46,251 – 119,400
28%	83,601 – 174,400	139,351 – 212,300	69,676 – 106,150	119,401 – 193,350
33%	174,401 – 379,150	212,301 – 379,150	106,151 – 189,575	193,351 – 379,150
35%	379,150 초과	379,150 초과	189,575 초과	379,150 초과

창작자가 미술품을 만들기 위해 들어간 각종 비용이 공제 가능한지 여부는 창작자의 창작 활동이 세무상 사업(business)에 해당하는지 아니면 단순한 취미(hobby)에 불과한지에 따라 다르다.

창작 활동이 취미에 불과하다면 이로부터 발생한 비용은 취

〈표8〉 소득세율 변화표

1992	1993–2000	2001	2002	2003–2011	2012(예정)
			10%	10%	10%
15%	15%	15%	15%	15%	15%
28%	28%	27.5%	27%	25%	25%
31%	31%	30.5%	30%	28%	28%
	36%	35.5%	35%	33%	36%
	39.6%	39.1%	38.6%	35%	39.6%

미 활동을 통해 발생한 소득의 범위 내에서만 공제가 가능하다. 그렇다고 하여 발생된 비용 전체가 공제 대상은 아니며, 조정 총소득(adjusted gross income)의 2%를 초과하는 금액만 기타 비용(miscellaneous)으로 인정되어 항목별 공제(itemized deductions)[109]가 가능하다.

반면, 창작 활동이 사업으로 인정된다면 관련 비용 전체를 공제가 능하다. 또한 미술품을 처분하고 순손실(net loss)이 발생하면 이를 다른 소득에서 공제할 수 있다.

창작 활동이 취미 활동인지 아니면 이익창출을 위한 사업에 해당하는지에 대해 국세청은 일정한 기준으로 판단한다.[110] 그중 가장

109) 납세자는 항목별 공제의 합계액이 신고지위(filing status)에 따라 달리 적용되는 표준공제액을 초과하는 경우에만 항목별 공제를 선택하게 된다.

110) ① Whether you carry on the activity in a businesslike manner. ② Whether the time and effort you put into the activity indicate you intend to make it profitable. ③ Whether you are depending on income from the activity for your livelihood. ④ Whether your losses from the activity are due to circumstances beyond your control(or are normal in the start-up phase of your type of business). ⑤ Whether you change your methods of operation in an attempt to improve the profitability. ⑥ Whether you have the knowledge needed to carry on the activity as a successful business. ⑦ Whether you were successful in making a

중요한 기준은 창작 활동을 통하여 이익을 창출할 수 있는가 여부이며, 최근 5년간 3년 이상 이익을 창출하였다면 이는 취미 활동이 아닌 사업으로 간주된다. 만일 최근 5년간 3년 이상 이익을 창출한 것이 아니라면 납세자가 이익을 창출하려 노력하였으나 특수한 사정으로 인해 그러하지 못했다는 점을 입증하여야 사업으로 인정받을 수 있다.

(2) 투자자(The Investor)

미국 연방세법에 의하면 법령에서 특별히 제외하고 있지 않는 한 모든 원천으로부터 발생한 소득이 모두 총소득(gross income)에 포함된다.[111] 그런데 납세자가 화가 등 창작자로부터 구입하여 소장하고 있는 미술품은 자본자산(capital assets)에 해당한다. 여기서 자본자산이란 개인적 용도 또는 투자용으로 보유하고 있는 자산을 말한다. 즉, 투자 목적 유무에 관계없이 개인이 소유하고 있는 거의 모든 자산은 자본자산에 해당한다. 그렇다면 납세자가 소장하고 있는 미술품을 처분할 경우 이에 대해서는 어떤 과세가 이루어질 것인가? 화가 등 창작자와 마찬가지로 일률적으로 종합소득에 합산하여 일반세율로 과세될 것인가? 그렇지 않다.

미국 연방세법에 의하면 미술품을 처분하여 발생하는 소득에 대해서는 자본이득으로 보아 달리 과세를 하고 있다. 나아가 자본

---

profit in similar activities in the past. ⑧ Whether the activity makes a profit in some years, and how much profit it makes. ⑨ Whether you can expect to make a future profit from the appreciation of the assets used in the activity.

111) I.R.C. § 61(a)(1981) provides that 'gross income means all income from whatever source derived, including 〔…〕' (3) '〔…〕 gains derived from dealings in property.' See Treas. Reg. § 1.1001-1(a)

이득으로 과세하되, 미술품을 소장하고 있는 의도에 따라 투자자(investor)와 취미로 수집한 자(hobbyist)로 나누어 차이를 두고 있다. 취미로 수집한 자에 대해서는 뒤에서 별도로 살펴보기로 하고, 여기서는 투자자에 대해서 알아보기로 한다.

투자자가 자본자산(capital asset)인 미술품을 처분(sales)하고 수령한 양도가액에서 미술품의 매입가액을 포함한 양도비용을 차감하게 되면 이익 또는 손실이 발생하게 되는데, 이를 자본이득(capital gain) 또는 자본손실(capital loss)이라 한다.[112)]

자본이득 또는 손실은 처분한 미술품의 보유 기간에 따라 단기자본이득 또는 손실(Short-term capital gain or loss)과 장기자본이득 또는 손실(Long-term capital gain or loss)로 나뉜다.

단기자본이득 또는 손실이란 보유 기간이 1년 이하인 미술품을 처분하여 발생한 이득을 말하며, 이에 대해서는 투자자의 다른 소득과 합산하여 일반세율(2011년의 경우 10–35%)을 적용한다.

장기자본이득이란 보유 기간이 1년을 초과하는 미술품을 처분하여 발생한 이득을 말한다. 장기자본이득에 대해서는 일반세율과는 다른 별도의 세율을 적용하게 되는데, 이를 최대자본이득세율(maximum capital gain rates)[113)]이라 한다. 다만, 장기자본이득에 바로 최대자본이득세율을 곱하는 것이 아니라 단기자본손실이 있을 경우 이를 먼저 차감한 후 구해진 금액(순자본이득이라 함)에 곱하게 된다. 최대자본이득세율은 몇 가지로 나뉘는데, 미술품을 포함한

---

112) 납세자가 투자자가 아니라 미술품 중개상(dealer)으로 분류될 수도 있는데, 이에 대해서는 절을 달리하여 살피기로 한다.

113) 최대자본이득세율이 적용되는 순자본이득은 일반적으로 다른 일반소득에 비해 낮은 세율로 우대 과세된다고 본다.

수집품(collectibles)에 대해서는 28%가 적용되는 것이 원칙이다. 그러나 장기자본이득과 일반소득을 합산하여 과세할 때 적용되는 일반세율이 28%보다 낮은 경우에는 최대자본이득세율인 28%를 적용하는 것이 아니라 더 낮은 일반세율을 적용하게 된다.[114] 이러한 측면에서 볼 때 1년 이상 장기 보유했던 미술품을 처분하고 얻은 순자본이득은 다른 일반소득에 합산하여 과세되는 것보다 세제상 우대를 받고 있다고 봐도 무방하다. 이를 그림으로 요약하면 〈그림4〉와 같다.

〈그림4〉 일반소득과 순자본이득의 적용 세율 개요

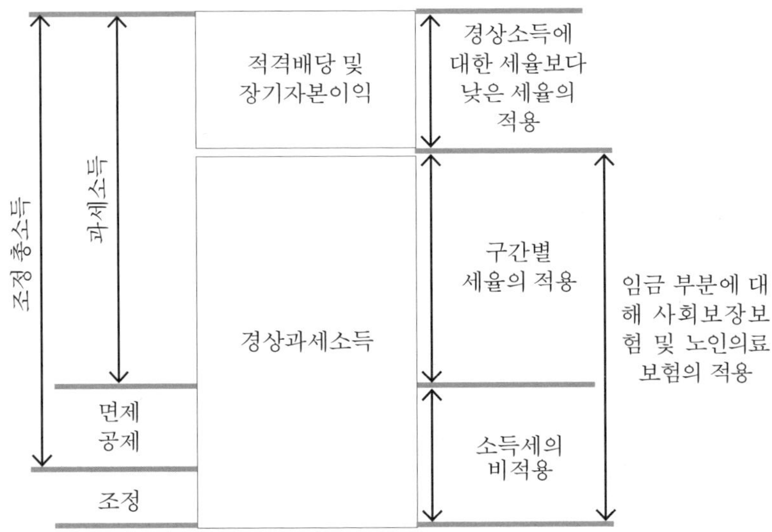

자본손실을 자본이득에서 공제하고도 남는 경우 즉, 순자본손실이 발생한 경우에는 총소득금액에서 $3,000(부부 개별 신고 시에는

114) 자본이득세율을 최대자본이득세율이라 칭하는 이유가 바로 여기에 있다.

$1,500)을 한도로 공제가 가능하다. 만일 이 한도를 넘는 순자본손실이 있는 경우에는 소진될 때까지 기간 제한 없이 이월공제할 수 있다.

투자자의 경우에는 유사교환(like-kind exchange)의 적용이 가능하다. 유사교환이란 IRC 1031조에서 규정하고 있는 것으로 투자용 또는 사업용으로 보유하는 자산을 교환하는 경우 판매 시점에서 자본이득이나 손실을 실현된 것으로 간주하지 않음으로써 자본이득에 대한 과세를 이연시켜 주는 제도이다.

(3) 취미로 수집한 자(The Hobbyist)

미국세법에서는 미술품 수집가를 투자자와 취미로 구입한 자로 구분한다. 취미로 구입한 자는 투자자와 달리 미술품을 이익실현이 가능한 투자로서 생각지 않고 구매하며, 미술품을 거의 처분하지 않는다. 아마도 대부분의 미술품 수집가는 취미로 구입한 자에 해당할 것이다.

미술품은 취미로 수집한 자에게도 투자자와 마찬가지로 자본자산에 해당한다. 따라서 처분을 통하여 이익이 발생할 경우 이는 자본이득으로 분류된다는 점은 동일하다. 다만, 투자자와의 차이점은 처분을 통하여 자본손실이 발생하더라도 공제(deduction)를 받을 수 없다는 점이다.[115] 자본손실을 공제받기 위해서는 이익을 창출하기 위해 거래가 발생했어야 한다는 전제를 충족해야 하는데, 취미로 수집한 자의 경우에는 이에 해당하지 않기 때문이다. 또한 미술품을 보유하고 있는 동안 발생한 비용(expenses)도 공제가능하지 않

115) IRC § 165(c)

다.[116] 비용 공제를 위해서는 소득을 창출하기 위해 해당 미술품을 보유하고 있어야 하고 이를 유지, 관리하는 데 들어가는 비용 등이어야 하는바, 취미로 구입한 자의 경우에는 이 조건을 충족할 수 없기 때문이다.

한편, 취미로 구입한 자는 IRC 1031조의 비과세교환(nontaxable exchange)이 인정되지 않는다. 왜냐하면 비과세교환이 인정되기 위해서는 이전한 자산 및 이전받은 자산을 투자용 또는 사업용으로 보유하는 것이어야 하기 때문이다.

투자자와 취미로 취득한 자의 자본이득은 동일하게 취급되기 때문에 취미로 취득한 자로 분류된다고 해서 자본이득과 관련하여 세제상 이점은 없다. 따라서 자본손실과 비용의 공제가 허용되지 않는다는 점에서 취미로 취득한 자는 투자자에 비해 과세상 불리한 면이 있다. 이러한 이유로 미술품 수집가는 취미로 취득한 자로 분류되기보다는 투자자로 분류되기를 원한다.

(4) 중개상(dealer)

중개상이란 미술품을 영업 활동(trade or business)으로서 매매하는 자를 말한다. 그렇다면 미술품 중개상이 미술품을 처분함으로써 발생한 이득과 손실은 어떻게 과세가 될 것인가? 대부분의 경우 미술품 중개상에 대해서는 다른 상품의 판매 활동과 마찬가지 방식으로 과세가 이루어진다. 이를 미국세법조문을 통해 구체적으로 살펴보기로 하자.

IRC § 61(a)(3)에 의하면 재산을 거래함으로써 발생하는 소득은 총

---

116) IRC § 262

소득(gross income)에 포함되고, IRC § 64에 의하면 처분하는 자산이 자본자산 또는 1년 이상 보유한 감가상각대상자산이나 부동산 중에서 사업에 사용되는 자산(이를 소위 '1231조 자산'이라 칭한다)이 아닌 경우 이로부터 발생하는 소득은 경상소득(ordinary income)으로 분류된다. 한편, 자본자산에 대해 정의하고 있는 IRC § 1221에 따르면 일반적인 사업 경로에 의해 고객에게 판매될 목적으로 보유한 재고자산과 주식은 자본자산에서 제외된다. 결국 미술품 중개상이 보유하고 있는 미술품은 일반적으로 자본자산이 아닌 재고자산에 해당한다. IRC § 65에 의하면 자본자산이 아닌 재산의 처분으로부터 발생하는 손실은 경상손실로 분류된다. 따라서 미술품 중개상이 미술품을 매매함으로써 발생하는 이득과 손실은 경상이익 또는 손실(ordinary gains and ordinary losses)로 분류된다.

납세자가 미술품 중개상으로 분류될 것인지 아니면 투자자로 분류될 것인지에 대해 실무적으로는 종종 분쟁이 발생한다. 왜냐하면 중개상은 자본이득세율이 더 유리한 점을 적용받기 위해 투자자로 분류되기를 원하는 경우가 있을 수 있고, 투자자는 경상손실의 이점을 얻기 위해 중개상으로 과세받기를 원하는 경우가 생길 수 있기 때문이다. 이처럼 중개상으로 분류될지 아니면 투자자로 분류될지와 관련하여 다툼이 발생하는 근본적인 이유는 자본자산에서 제외되는 자산을 정의하면서 사용한 '영업 활동(trade or business)', '재고자산(inventory)', '주로 고객에게 판매(primarily for sale to customers)' 등과 같은 용어의 불명확성 때문이다.

미술품을 판매하고 얻은 소득을 자본이득으로 과세받기 원하는 경우, 즉 중개상이 아닌 투자자로 분류되기 위해서는 매매된 미술품이 '재고자산' 혹은 '주로 고객에게 판매'될 목적으로 보유하고 있었던 것이 아니라 투자 목적으로 보유하고 있었다는 점을 입증하여야 한다.

주식의 경우 투자 목적으로 분류하기 위한 특정 조항(IRC § 1236)이 있는 반면, 미술품 중개상을 위해서는 이러한 특정 조항이 존재하지 않기 때문에 여러 가지 상황을 종합적으로 분석하여 판단해야 하는 어려움이 있다. 미국 판례[117)]에 의하면 미술품 중개상이 매매한 미술품으로부터 발생한 소득이 자본이득으로 분류될 수 있는 경우는 다음과 같은 상황들을 충족해야 함을 명시하고 있다.

① 미술품이 중개상의 재고자산에 포함되는 것이 아닐 것
② 전시되거나 판매를 위해 제안되는 것이 아닐 것
③ 투자미술품의 보유 및 판매한 수량은 구매 시의 수량과 동일할 것.
④ 중개상의 일반적인 영업 활동에 비해 상대적으로 적은 시간과 노력을 들였을 것
⑤ 광고 등 판매 활동이 미미할 것
⑥ 별도로 분리된 거래거나 상대적으로 적은 거래일 것
⑦ 구입 당시부터 계속 투자 목적일 것
⑧ 해당 미술품을 위해 별도의 재무 및 보험기록이 있을 것
⑨ 지방세에서도 일관된 취급을 했을 것. 가령, 재고자산세(inventory tax) 등이 납부된 적이 없을 것

결론적으로 미술품 중개상은 투자자나 취미자와 비교할 때 세법상 장점과 단점이 각각 존재한다. 주된 장점은 비용과 손실에 대해

---

117) Williamson v. Bowers, 120 F.Supp. 704(E.D.S.C. 1950); United States v. Bondurant, 245 F.2d 265(6th Cir. 1957).

제한 없이 공제(deduction)가 가능하다는 점이다.[118] 반면, 주된 단점은 투자 목적의 거래가 아닌 한 처분으로부터 발생한 이익이 경상이익으로 과세된다는 점이다. 이는 투자자나 취미자가 미술품을 처분하고 얻은 이익에 대해 자본이득으로 과세하는 것과 대비된다.

(5) 사업자인 수집가(Business Collector)

사업자는 사무실의 장식을 위해서 또는 투자 목적으로 미술품을 구매하는 경우가 많다. 이때 사업자는 세법상 미술품과 관련하여 취미자 또는 투자자로 분류될 수 있으며, 고유의 영업 활동과 별개로 미술품을 매매하는 활동을 활발히 하는 경우 중개상으로 취급되는 경우도 있다. 따라서 미술품을 구매한 사업자가 이후 해당 미술품을 처분하는 경우 원칙적으로 분류된 유형에 따라 과세가 이루어진다.

사업자인 수집가 어느 유형으로 분류될지와 관련하여 세무적으로 주된 논점 중 하나는 감가상각(depreciation) 문제이다. IRC § 1221에 의하면 영업 활동에 사용되는 자산으로서 감가상각비의 공제가 허용되는 성격을 가진 자산은 자본자산에서 제외된다. 이를 소위 1231조 자산이라고 함을 앞에서 살펴본 바와 같다. 따라서 미술품이 1231조 자산이라면 이는 곧 사업자인 수집가가 미술품을 처분한 경우 처분이익을 자본이득으로 과세받을 수 없음을 의미한다. 미국세법(IRC)이나 시행세칙(regulation)은 '감가상각비의 공제가 허용되는 성격'이 무엇인지에 대해 명확히 언급하고 있지 않다. 따라서 유추(analogy)에 의해 이를 판단할 수밖에 없다. 감가상각이 가능하기

118) IRC § 162(a)

위해서는 내용연수(useful life)와 자산의 잔존가액(residual value)을 추정할 수 있어야 한다. 여기서 내용연수란 해당 자산이 경제적 효익을 발생시킬 수 있는 기간 즉, 사용 기간을 의미하며, 잔존가액이란 내용연수가 경과된 후에 해당 자산을 처분할 경우 회수할 수 있는 금액을 말한다. 미술품의 경우 내용 연수를 결정하기가 어렵기 때문에 일반적으로 감가상각 가능자산에 해당하지 않고, 따라서 1231조 자산으로 분류되지 않는다.

2. 미술품을 기부한 경우의 과세 문제

미국 연방세법에서는 자선, 종교, 교육 등 일정한 기준을 충족하는 기관(qualified organization)에 기부하는 경우 항목별 공제(itemized deductions) 중 하나로 기부금 공제(deduction)를 허용하고 있다. 따라서 납세자가 이러한 기관에 미술품을 기부하는 경우 기부금 공제를 받을 수 있다.

현금과 달리 미술품과 같이 자산(property)을 기부하는 경우에는 기부금액을 얼마로 볼 것인지가 세무상 쟁점이 된다. 원칙적으로 미술품을 구입한 자가 기부를 할 경우 기부 시점의 미술품 공정가치(market value)가 기부금액이 된다. 반면, 미술품의 창작자가 기부를 하는 경우에는 공정가치가 기부금액으로 인정되지 않으며, 단지 해당 미술품을 창작하는 데 들어간 비용만이 기부금 공제 대상이 된다. 그런데 일반적으로 미술품 창작에 들어가는 비용은 발생하는 해에 총소득에서 공제되었을 것이므로 실제로 기부를 한 시점에는 기부금액이 제로에 해당할 것이다.

한편, 공익자선 단체 등 일정 단체에 장기 자본자산을 기부하는 경우 기부금의 공제한도는 조정 총소득(AGI)의 30%이다.

II. 영국

미술품을 처분한 경우 양도차익에 대해 과세가 이루어진다. 양도차익에 대한 과세는 소득세(income tax)가 부과되는 경우와 자본이득세(capital gains tax)가 부과되는 경우로 나뉜다.

1. 소득세가 부과되는 경우

일반 소득으로 보아 과세되는 경우는 미술품 중개상(dealer)과 같이 사업으로 미술품을 매매한 경우에 적용된다.

영국의 경우 4월 6일부터 다음 해 4월 5일까지를 한 과세연도로 삼고, 소득의 종류를 비저축소득(non savings income), 저축소득

〈표9〉 소득 유형별 세율(2011-2012년)

과세표준	비저축소득	저축소득	배당소득
£0-£2,560 Starting rate for savings	N/A	10%	N/A
£0-£35,000 Basic rate	20%	20%	10%
£35,001-£150,000 Higher rate	40%	40%	32.5%
£150,000 초과 Additional rate	50%	50%	42.5%

(savings income), 배당소득(dividends income)으로 나누어 각 소득별로 누진과세를 한 후 소득공제 및 세액공제를 하여 최종세액을 구하는 구조를 가지고 있다. 각 소득별 누진세율은 〈표9〉와 같다.

2. 자본이득세가 부과되는 경우

사업으로 미술품을 매매한 경우 이외에 개인의 소장품(personal possessions)으로서 미술품을 처분한 경우 자본이득으로 보아 자본이득세가 과세된다. 이때 처분의 의미는 매매, 증여, 교환 등을 모두 포함한다. 가령, 미술품을 자식에게 증여한 경우에도 자본이득세 과세대상이 된다. 다만, 처분 시점에 미술품의 가치가 £6,000 이하인 경우에는 자본이득세가 부과되지 않는다.

자본이득세의 계산 구조는 다음과 같다.[119]

〈그림5〉 개인 소득세 과세 구조

양도가액
(−) 취득원가
(−) 각종 부대비용 및 수수료
(=) 자본이득
(−) 공제가능손실(Allowable Losses)
(=) 순자본이득
(−) 연간 면제액(Annual Exempt Amount)
(−) 이월손실금
(=) 과세표준
(×) 세율
(=) 산출세액

---

119) http://www.hmrc.gov.uk/cgt/property/calc-cgt.htm 참조.

양도가액은 미술품을 처분하고 받은 실제 대가를 말한다. 하지만 미술품을 무상으로 이전하거나 특수 관계자에게 저가로 양도하는 경우에는 실제 대가 대신 이전 시점의 시가를 적용한다.

자본이득은 양도 자산별로 구하게 되는데 이때 어느 양도자산에서 자본손실이 발생한 경우 이를 자본이득에서 공제할 수 있으며, 이를 공제가능손실이라 한다. 만일 자본손실의 합계액이 자본이득의 합계액보다 클 경우 이후 연도로 이월하여 자본이득에서 공제할 수 있는바, 이를 이월손실금이라 한다. 이월하여 공제할 수 있는 연한은 제한이 없다.

매년 일정액만큼 순자본이득에서 과세를 면제해 주고 있는데, 이를 연간면제액이라 한다. 연간면제액은 물가인상 등을 반영하여 매년 조정된다. 개인에 대한 연간면제액은 2011년에는 £10,100, 2012년에는 £10,600이다.

2010년 6월 22일 이전에 발생한 자본이득에 대해서는 18%의 단일세율이 적용되며, 2010년 6월 23일 이후부터는 18% 또는 28%(higher rate 구간에 속하는 경우)가 적용된다.

> 사례 : 2011년에 갑이 미술품을 양도하고 £70,600의 순자본이득을 얻은 경우 자본이득세는 얼마인가?
>
> 풀이 : 2010년 6월 23일 이후에 처분이 이루어진 것이므로 연간면제액은 £10,100 이 적용된다. 따라서 과세표준은 £60,500(= £70,600 – £10,100)이 된다. 갑은 소득세율 구간에서는 higher rate 구간에 속하므로 자본이득세율은 28%가 적용된다. 따라서 갑의 2011년 자본이득세는 £16,940(= £60,500 × 28%) 이다.

한편, 취득 시 추정 내용연수가 50년 미만이고 트레이드나 직업을 위해 사용되지 않았을 경우에는 자본이득세가 부과되지 않는 규정이 있으나, 미술품의 경우에는 추정 내용연수를 결정할 수 없는 경우가 대부분이므로 이러한 비과세 규정이 적용되기는 어려울 것이다.

III. 기타 국가들

개인 소장가가 미술품을 처분하고 얻은 양도소득에 대해 우리나라와 미술 시장 규모가 비슷한 싱가포르, 스위스, 뉴질랜드, 홍콩은 과세를 하지 않고 있다.

프랑스의 경우에는 자본이득과 합산하여 과세를 하되 양도차익에 대해 16-18%의 세율로 과세를 한다.

일본의 경우도 미술품의 양도에 따른 소득을 다른 자본이득과 합

〈표10〉 미술품 양도소득에 대한 주요국의 과세 현황

1. 한국과 비교될 만한 경제수준의 경우 : 싱가포르, 스위스, 뉴질랜드, 홍콩은 양도세 부과 없음	
2. 선진국의 경우 : 각기 다른 형태로 과세	
프랑스	·자본이득과 합산하여 계산 ·양도차익에 대해 16-18%로 과세
일본	·자본이득과 합산하여 계산 ·양도차익에 대해 5년 이하 시 39%, 5년 초과 시 20%로 과세 ·30만 엔 이하 비과세

출처: 국정감사 문화체육관광방송통신위원회 2010.10.21(목) 10:00 국회

산하여 과세하되, 5년 이하 보유 시에는 39%, 5년 초과 보유 시에는 20%로 과세한다. 한편, 30만 엔 이하에 대해서는 비과세한다.

제4절 미술품 관련 세제의 개선 방안

미술품은 문화유산으로서의 가치라는 측면과 재산으로서의 가치라는 두 가지 측면을 동시에 지니고 있다. 재산으로서의 가치 측면을 강조한다면 이에 대해 다른 재산처럼 동일한 과세를 하는 것이 조세 공평주의에 맞다고 할 수 있을 것이다. 그러나 문화유산으로서의 가치를 강조한다면 세법을 통한 지원이라는 측면도 간과해서는 안 될 것이다. 세법의 기능이 세수 확보라는 본연의 기능만이 있는 것이 아니라 세법을 통한 간접적 지원 기능도 존재하기 때문이다. 현행 세법의 미술에 대한 입장을 본다면 조세 공평주의 내지 세수 확보라는 측면에서 개인 소장자의 양도소득에 대한 과세 논쟁이 핵심 쟁점으로 되어 있으나, 예술로서의 미술에 대한 정책적 지원 측면을 정립하는 것도 큰 의미가 있다고 할 것이다.

따라서 이하에서는 미술에 대한 세법의 지원 측면을 중점으로 현행 과세 제도의 개선 방안을 살펴보기로 한다.

I. 미술품 관련 소득세법 및 법인세법상 개선 방안

1. 개인 소장자의 미술품 양도소득에 대한 과세 개선 방안

미술품 관련 세제에 있어 쟁점이 되는 것은 개인 소장자의 양도소득에 대한 과세 여부라고 할 수 있다. 화가 등 창작자에 대한 과세와 화랑 등 중개상에 대한 과세는 이를 사업으로 하고 있다는 점에서 여타의 사업과 마찬가지로 사업소득으로 과세를 하는 것에 이론이 있을 수 없다. 하지만 개인 소장자에 대한 과세가 논쟁이 되는 이유는 개인의 사생활이 세법상 얼마나 존중되어야 할 것인가와 연결된다고 할 수 있다.

이론적으로는 소득세라고 하는 것이 개인의 소득 증가분에 대해 과세를 하는 것이라고 하나, 그러기 위해서는 개인의 소득 증감 현황을 과세관청이 소상히 파악하고 있어야 한다는 전제가 뒤따른다. 이는 국가가 개인의 모든 재산을 감시하는 것과 다를 바가 없고, 이러한 사회 체제를 받아들일 수 없는 한 개인의 소득 증가분에 대해 모두 과세해야 한다는 이론[120]을 아무런 여과 없이 전면적으로 받아들이기는 어렵다고 할 것이다. 따라서 소득세의 구성은 원칙적으로 세법에서 열거하고 있는 소득에 대해서만 과세를 하게 되는 것으로 이루어지게 되는 것이다.[121]

개인 소장자의 미술품 양도소득에 대한 과세가 처음으로 1990년도 세법에 도입되었다는 것은 그 이전은 세법에서 이에 대해 과세

120) 이를 '순자산증가설'이라 한다.
121) 이를 '소득원천설'이라고 한다.

한다는 규정이 없었고 따라서 과세가 이루어지지 않았음을 의미한다. 따라서 개인의 미술품 취득 및 처분에 대해 과세관청이 사적 영역으로 인정하던 것을 1990년 소득세법 개정을 통하여 과세의 테두리 안으로 끌어들인 것에 대한 반발이 개인 소장자의 양도소득에 대한 과세 논쟁을 부르게 된 것이라고 할 수 있다.

개인 소장자의 미술품 양도소득에 대한 과세가 1990년에 처음 규정된 이래 연기와 폐지를 거듭하던 것이 결국 2013년 1월 1일부터 기타소득으로 분리과세되는 것으로 확정이 됐다. 물론 현행 규정도 애초에는 2011년 1월 1일부터 적용하는 것으로 하였다가 미술계 등의 반발에 의해 다시 2년 과세유예를 한 것이므로 예정대로 시행이 될지는 아직 미지수이다.

소득세법상 과세를 할 것인지 여부는 입법자의 의지에 달려 있다. 입법자의 의지는 사회의 합의라고 할 수 있을 것이다. 세법은 원천적으로 완벽히 공평할 수 없고 정의도 아니다. 다만, 정책적 합의가 담기는 것뿐이다. 따라서 미술품의 양도소득에 대한 과세를 규정한 것이 공평한 것인지 여부는 논외로 하고, 시행을 한다면 보완해야 될 사항이 무엇인지 살펴보기로 한다.

현행 규정처럼 개인 소장자가 미술품을 양도할 경우 발생하는 양도소득에 대해 미술품의 양수자가 원천징수하도록 하고 있는 것은 실제 실행이 이루어질지에 대해 의문이 제기된다. 미술품이 등기·등록 자산이 아닌 이상 개인 간의 미술품 거래에 대해 과세관청이 이를 파악하고 납세 여부를 확인한다는 것은 불가능에 가깝다. 과세 당국도 이러한 현실을 인식하고 있는 듯하며, 다만 경매회사를 통해 이루어진 매매에 기대를 걸고 있는 듯하다.[122] 그러나 이러한 태도는 오히려 과세 규정의 집행상 불공평을 심화시킬 뿐이다. 따라서 미술품 구입 시 구입 비용을 소득공제 해 주는 등 미술품 양수자의 원천징수를 유도 내지 강제할 수 있는 방안이 마련되어야 할 것이다. 그렇지 않을 경우 수많은 미술품 거래 당사자들을 조세범으로 양산해 낼 가능성이 크다. 나아가 경매 시장의 활성화를 도모할 수 있는 세제 지원 방안들도 고려하여 음성적인 미술품 거래를 양성화시키는 것도 양도소득 과세를 제대로 정착시킬 수 있는 방안이 될 것으로 본다.

2. 법인 소장자에 대한 과세 개선 방안

현행 법인세법상 법인이 미술품을 취득하는 경우 장식·환경미화 등의 목적으로 사무실·복도 등 여러 사람이 볼 수 있는 공간에 상시 비치하는 것을 제외하면 업무무관자산으로 규정하여 취득 및 관리 비용을 손금으로 인정하지 않고 있다. 나아가 해당 미술품을 취득하기 위하여 차입을 한 금액에 대해 발생하는 지급이자도 손금불산입 대상이 된다.

따라서 현행 규정하에서라면 법인이 미술품을 취득하는 데 상당한 제약이 있음을 알 수 있다. 미술 시장의 활성화 내지 지원을 위해서는 이처럼 법인이 취득한 미술품을 업무무관자산으로 규정하는 것을 재고할 필요가 있다.

---

122) 서울옥션 등에 따르면 2010년도 우리나라 미술품 경매 시장 규모는 약 1,191억 원에 달한다.

II. 미술품 관련 부가가치세법상 개선 방안

1. 미술관 관련 부가가치세 면세 적용 규정의 정비

미술관에의 입장에 대해서는 부가가치세법 제12조 1항 16호의 규정에 의해 부가가치세가 면제되고 있다.

그렇다면 사업자가 미술관을 대관하여 미술품을 전시하고 입장료를 받는 경우는 어떠할까? 앞서 부가가치세법 제12조 1항 16호의 규정에 의하면 이 역시 미술관 입장료에 해당하므로 면제가 되어야 할 것이나, 과세관청은 달리 해석하고 있다. 즉, 과세관청은 이러한 경우에 대하여 부가가치세법 제12조 1항 16호를 적용하는 것이 아니라 미술관을 대관하여 미술품을 전시하는 것을 문화행사 내지 예술행사로 보고 동조 1항 15호를 적용하여 면세 여부를 따진다. 동조가 적용될 문화행사 내지 예술행사에 대해서는 부가가치세법시행령 제36조 2항 및 3항에서 규정하고 있는바, 영리를 목적으로 하지 않아야만 부가가치세 면제를 허용하고 있다. 나아가 부가가치세법 기본통칙 12-35-7에서 영리를 목적으로 하지 않은 행사에 대한 사항을 구체적으로 정하고 있다. 따라서 과세관청은 사업자가 미술관을 대관하여 미술품을 전시하고 당해 전시회의 입장료를 받는 경우가 영리를 목적으로 하지 아니하는 문화·예술행사인 경우에는 부가가치세법 제12조 제1항 제15호의 규정에 의하여 부가가치세가 면제되는 것이나, 미술품 전시회가 영리를 목적으로 하지 아니하였는지 여부는 부가가치세법 기본통칙 12-35-7[123]의 규정을 참고하

---

123) 부가가치세법 기본통칙 12-35-7〔예술행사·문화행사의 범위〕

여 사실 판단할 사항이라고 한다.[124)]

그러나 부가가치세법에서 입장료에 대해 면세가 적용되는 미술관을 별도로 정의하지 않고 있는 상황에서 사업자가 미술관을 대관하여 미술품을 전시하고 입장료를 받는 것을 미술관의 입장이 아니라 예술행사 내지 문화행사로 보고 비영리를 전제로 면세 여부를 결정하는 것은 잘못된 법 적용이라고 판단된다.

따라서 사업자의 미술관 대관에 따른 입장료에 대해서는 부가가치세법 제12조 1항 15호를 적용하여 부가가치세를 면제하여야 할 것이다.

---

① 영 제36조 제2항 및 제3항에 규정하는 예술행사 및 문화행사는 행사 주최에 관계없이 영리를 목적으로 하지 아니하는 문학·미술·음악·연극 및 문화 등의 발표회·연주회·연구회·경연대회 등을 말한다(2000. 08. 01 개정).

② 제1항에 따른 영리를 목적으로 하지 않은 행사는 다음 각 호의 어느 하나에 해당하는 행사를 말한다(2011. 02. 01 개정).

1. 사전 행사계획서에 의해 이익금을 이익배당 또는 잔여재산의 분배 등의 형식을 통해 주체자에게 귀속시키는 것이 아닐 것(2000. 08. 01 신설)
2. 정부 또는 지방자치단체 등 공공단체가 공식 후원하거나 협찬하는 행사(2000. 08. 01 신설)
3. 사전 행사계획서에 의해 입장료 수입이 실비변상적이거나 부족한 경비를 협찬에 의존하는 행사(2000. 08. 01 신설)
4. 자선 목적의 예술행사로서 사전계획서에 의해 이익금의 전액을 공익단체에 기부하는 행사(2000. 08. 01 신설)
5. 비영리단체가 공익목적으로 개최하는 행사(2000. 08. 01 신설)
6. 그 밖의 이와 유사한 행사로서 영리성이 없는 행사(2011. 02. 01 개정)

124) 국세청 질의회신 서면인터넷방문상담3팀-1221(2006. 06. 23).

2. 화가의 재료비 등 구입액에 포함된 부가가치세

화가 등 창작자는 창작을 위해 사용될 재료 또는 기구를 구입하거나 작업장소로 사용할 화실 등의 공간을 임차하고 부가가치세 매입세액을 부담한다. 부가가치세 매입세액을 환급받기 위해서는 사업자 등록을 하였을 것과 미술품 거래가 부가가치세 과세거래여야 한다. 그러나 작가 등은 일반적으로 사업자 등록을 하지 않은 경우가 대부분이며, 나아가 사업자 등록을 하였다고 하더라도 미술품 거래가 부가가치세 면세거래에 해당하기에 현행 부가가치세법하에서는 부가가치세 매입세액을 환급받을 방법이 없다. 이로 인해 매입세액은 화가 등 창작자의 창작품 원가에 산입되고, 이는 미술품 구매자의 부담으로 연결된다.

따라서 재료비 구입액 등에 포함된 부가가치세 매입세액을 화가 등 창작자가 환급받을 수 있는 방안을 고려해 볼 필요가 있다고 판단된다. 이를 위해서는 화가 등 창작자가 사업자 등록을 하도록 하고, 미술품의 공급을 면세 거래에서 영세율 거래로 전환하는 것도 하나의 방안이 될 수 있을 것이다.[125] 영세율이란 재화나 용역을 공급할 때 매출세액으로 부과하는 세율을 영으로 하는 것을 말한다(부가가치세법 제11조 1항). 미술품 판매에 대하여 영세율이 적용되면 재료비 등 구입액에 포함되었던 매입세액을 전액 환급받을 수 있게 된다.[126]

---

125) 안창남, 〈비사업자의 미술품 자본소득 과세 및 세제지원방안 연구〉, 《조세법연구》 제14권 제3호(2008. 12),

126) 본래 영세율 제도는 재화의 국제 간 거래에 있어서 수출국에서 부가가치세를 과세하고 수입국에서도 다시 부가가치세를 과세할 경우 발생하는 이중과세

이러한 방안은 화가 등 창작자의 사업자 등록을 유도하여 음성적인 미술품 거래를 근절함으로써 과세 투명성을 높이는 데도 일조할 수 있을 것이다.

III. 미술품 관련 상속·증여세법상 개선 방안

현행 상속세 및 증여세법에 의하면 상속받거나 증여받은 재산 중 부동산과 유가증권의 가액이 그 재산가액의 50%를 초과하고 상속세 납부세액 또는 증여세 납부세액이 1천만 원을 초과하는 경우 해당 부동산과 유가증권에 대해서만 물납을 허용하고 있다. 따라서 미술품은 물납 대상이 아니다.

그러나 미술품의 경우 문화유산 측면을 중시한다면 세법 개정을 통한 물납 허용을 고려할 만하다. 물납을 통해 들어온 미술품은 국가가 관리하여 후대에 유산으로 넘겨줄 수 있을 것이기 때문이다. 참고로 프랑스의 경우 피카소의 상속인들이 피카소의 작품을 물납함으로써 이를 모아 피카소 미술관을 설립한 바 있다.

다만, 미술품의 물납을 허용하기 위해서는 미술품 관련 세제가 종합적으로 정비되고 거래의 투명성이 확보되어야 함을 전제로 한다. 특히 미술품의 평가 제도가 정비되어야 한다. 현행 세법하에서도 비상장주식의 평가 문제는 많은 조세 불복으로 이어지고 있는 실정을 감안한다면, 비상장주식보다 오히려 평가가 더 어렵다고 보이는

문제를 해소하기 위한 방안 중 하나이다. 그러나 조세특례제한법상 이중과세의 해소를 위한 사항 이외에도 영세율 적용 대상을 규정하고 있으므로 미술품에도 이를 적용하는 것을 고려할 만하다.

미술품의 경우 평가의 객관성을 담보하지 않는 한 물납 허용으로 인한 분쟁을 피할 수 없을 것이기 때문이다.

로두스 · 03

미술품의 거래법과 세금

초판발행 2012년 5월 15일
초판 2쇄 2019년 9월 2일
지은이 명순구 · 김기영
펴낸곳 고려대학교출판문화원
www.kupress.com
kupress@korea.ac.kr
02841 서울특별시 성북구 안암로 145
02-3290-4230, 4232
Fax 923-6311
찍은곳 네오프린텍(주)

ISBN 978-89-7641-777-0 94360
ISBN 978-89-7641-730-5 (세트)

값 10,000원

* 잘못 만들어진 책은 바꿔드립니다.